受け継がれる心

麗澤草創期の思い出

宮島達郎

財団法人モラロジー研究所

はじめに

このたびモラロジー研究所から声をかけていただき、「道徳科学専攻塾」の思い出の一端をまとめさせていただきました。

私は、昭和十年四月、道徳科学専攻塾の開設に当たり、最初の学生として入塾し、廣池千九郎博士の謦咳《けいがい》に親しく接することができました。以来七十五年、廣池学園及びモラロジー研究所にご縁をいただき、今日を迎えておりますことに深く感謝しております。

特に、今年度は麗澤大学開学五十周年、次いで平成二十二年度は廣池学園創立七十五周年の記念すべき年を迎え、数々の記念行事が盛大に実施され、廣池博士の教えが世界の人々に着実に認められつつあり、まことに慶ばしいことと存じます。これらの諸行事に参加させていただき、道徳科学専攻塾の開設時に、この大勝山の地に起居しておりました者にとって、実に感慨深いものがあります。

　本書は四章で構成されており、第一章はかねて廣池千九郎記念講堂において、「記念館講話」としてお話しさせていただいた内容をまとめ、『モラロジー研究所所報』に二年間掲載されたものです。また第二章以降は、『同所報』や『れいろう』、さらには麗澤高等学校の機関紙、麗澤会会報、廣池学園の年史等々に掲載された拙稿を整理してまとめたものです。

　主に廣池博士ご在世中に教えられたこと、また二代所長廣池千英先生から学んだことやお世話になったことなど、思い起こせば尽きないことばかりです。

　なお、文中には廣池博士の言葉に関し、また、他の引用について重複する箇所がいくつかありますが、私の受けた印象が強いためとご理解いただき、お許し願います。この拙稿が何かのご参考になれば、私にとって望外の喜びです。

最後になりましたが、この本の企画をすすめるにあたり、原稿の整理など細部にわたりお世話になりました出版部の外池容、加藤正の両氏並びに編集の皆様に感謝いたします。

平成二十二年一月

宮島　達郎

目次

第二章　廣池千九郎博士との出会い……73

第三章　廣池千英先生に学ぶ……97

第四章　随想……117

装丁　レフ・デザイン工房　神田程史

第一章　道徳科学専攻塾の思い出

「ご苦労さん」の一言

私は昭和十年、この学園が創設されたときに、最初の学生として入塾しました。爾来、七十二年になりますが、おかげさまでモラロジーにご縁をいただいて今日までお世話になり、ありがたく思っております。これから、道徳科学専攻塾と廣池千九郎博士の思い出を述べさせていただきたいと思います。

岐阜県の旧制中学を卒業した私は、夜行列車に乗り、三月三十一日の朝に東京駅へ到着しました。そして北小金の駅からは歩いて、入塾式前日の学園にやってきました。

その晩、「きょう、おいでになった方は伝統館にお集まりください」という声がかかりまして、現在の麗澤館に参りました。八面玲瓏の間でお待ちしていますと、左側の板戸を開けて和服姿の廣池千九郎博士がお出ましになりました。私はこのとき初めて廣池博士にお目にかかり、お話をうかがったのです。それはまだ電灯のない頃でしたので、ランプの光の下でした。

そこでのお話の内容は、細かいことはもう覚えていません。記憶に残っているのは、まず第一に「皆さん、遠いところからおいでになって、たいへんご苦労さんです」というねぎらいの言葉があったこと。そして、お話の中に「ここで勉強するということは、将来たいしたことになりますよ」という励ましの言葉があったことの二点だけです。

「末は博士か大臣か」と言われた時代のことです。田舎からぽっと出てきた十八歳の若者が、七十歳の法学博士、それも塾長であり、皆さんに「大先生」と呼ばれる方のお話をうかがうのですから、非常に緊張し、恐縮して「どのようなお話だろうか」と心配していました。しかしこの「ご苦労さん」という一言《ひとこと》でほっとしたと言いますか、緊張が解け、和やかな気持ちになって、素直にお話を承ることができたように思います。

仮に今、私が皆さんに「ご苦労様でございます」と言っても、そのような効果があるとは思いません。同じ言葉でも、どのような人がどのような気持ちで発するかによって、その与える影響には大きな違いがあるのではないかと思います。

このねぎらいの言葉、そして励ましの言葉は、十八歳の私にとって、大きな感激でした。私たちの専攻塾での生活は、こうして始まりました。

『論文』十冊より本科生一人を

若くして小学校の教員となり、「東洋のペスタロッチに」という意気込みであった廣池博士は、学校において道徳教育を行うということを、早くから考えておられました。

小学校教員時代には、お金がなくて学校に通うことができない子供のために夜間学校を開き、巡回授業を行われました。博士は、子供を学校に通わせることができないのは貧しいからというより、むしろ道徳心の欠如が根本の原因であり、だからこそ学校で教育を受けさせ、道徳心を養成することが大事だと考えておられたのです。そのために「皆さんは晩酌をされるでしょう。一日に二合飲むお酒を二勺《しゃく》ずつ減らしたら、学資金ができます。たばこを吸う人は、一日に五服ずつ節約することによって、お子さんを教育することができる。それがひいては皆さん自身の幸せにつながってくるのですよ」というように、親が節約するところから話を進め、何とかして子供への教育の必要性を理解してもらおうとされました。

大正時代にはモラロジー大学の構想を打ち立てられ、モラロジーの研究機関で道徳を研究し、それを学校において徹底して教育しようとお考えになりました。そのかねてからの念願が、ようやく昭和十年、道徳科学専攻塾の開設によって実現したわけです。

しかし、果たして学生が集まるかどうか。これがいちばんの心配であったのでしょう。前年の昭和九年十一月、地方に出講しておられた廣池千英先生

道徳科学専攻塾開塾式の模様
（昭和10年4月2日）

をはじめとする幹部の先生方に、博士はお手紙を書かれました。それは「専攻塾の開設のためには、資金が必要である。そのために『論文』（『道徳科学の論文』・以下『論文』）の価値を皆さんに理解していただき、買っていただけるように努力してほしい。しかし一方で、学生の募集は実に重大な仕事である。今は『論文』を十冊頒布するよりも、本科生を一人集めてほしい」という内容でした。

私も後になってその手紙を読み、自分たちは『論文』十冊に値するのかと、ひそかにうれしく思ったものです。

こうして迎えた昭和十年四月二日の開塾式には、博士の筆になる「天爵を修めて人爵之に従う」の大扁額の下《もと》、本科生百十三名、別科生百八十名、合計して約三百名という学生が集まりました。念願の学校を開くことができ、さらにはこれだけの人が集まった。それは博士にとって、たいへんな喜びであっただろうと思います。そうしたことから、博士は私たち学生を手のひらに乗せてかわいがるかのように、とても大切に扱ってくださいました。

廣池博士の手代

開設当初の道徳科学専攻塾には、まだ電灯がありませんでした。したがって夜になると、寄宿舎の各部屋ではランプを囲んで机をコの字型に並べ、本を読むという格好でした。そこへ毎晩、中田中《なかたみつる》先生、あるいは香川景三郎《かがわけいざぶろう》先生といった当時のいちばん古い先生方が、ちょうちんを提げて回ってこられるのです。真っ暗な中で、廊下や窓の外にぼうっとちょうちんの明かりが見えてくると、部屋の中にいる私たちは「あっ、来た来た」という調子でおとなしくなり、勉強しているふりをするようなこともありました。

その先生方が各寮、各部屋を回っておっしゃることには、「私は廣池博士の手代《てだい》でございます。何かご用はございませんか」と。「番頭、手代、小僧」というときの、あの「手代」です。それほど、私たちがどのような生活をしているか、困っていることはないかと、たいへん気にかけていただいたわけです。

博士のお話の中で「私は神様の手代です」という言葉を聞いたことがあります。先生方はそれに倣《なら》い、「博士の手代」としておいでになったのでした。「神様の手代」という言葉には、「神様の代わりに、その手足となって働かせていただくのだ」という博士のお気持ちが込められています。神様の仕事のお手伝いをさせていただくとは、つまり、神の心、いわゆる慈悲の心をいかに実現するかということです。『論文』では、「させていただく」という言葉について、次のように触れられています。

一意自己の過去における、神に対し、人に対して無意識的もしくは有意識的に犯せるところの罪の贖《つぐな》いと、更に自己の将来の品性完成のためとに、犠牲を払うのであるという精神作用によって、最高道徳的努力をするのであります。したがって最高道徳では、一切の道徳的行為を、「他人のためにこれをする」といわずして、「自己のためにこれをする」というのですから、「してやる」といわずに「させてください」とか「させていただく」とかというのです。（『論文』⑦一二九ページ）

私たちは「させていただく」という言葉をよく使います。時には使いすぎて、かえって聞き苦しいこともあります。しかし、これは「神様の仕事のお手伝いをさせていただく」「自分の品性完成のために、ほんとうに自分のためにさせていただく」という、低い、優しい、謙虚な気持ちになれたときに使える言葉ではないかと思います。

食事と「自我」の教え

廣池博士は、旅先でご自身が召し上がっておいしいと思われたものがあると、「これを専攻塾の皆に食べさせてやろう」と言って、その土地その土地の物、例えば果物やかぼちゃなどをどっさりと買ってこられました。本科（中等教育修了以上の者が対象）と別科（社会人対象）を合わせると学生が三百名もいたときのことですから、物によってはトラックや貨車に一台分であるとか、皆が驚くほどの量でした。信州では、お茶を八貫目（三〇キログラム）もお求めになったという記録があります。

私たち学生には、ふだんの食事についても、「若い者はうんと食べなければいけない」ということで、たいへん気を遣っていただきました。

開設当初の食堂の担当者で、若林苫蔵《とまぞう》さんという方がいらっしゃいました。

若林さんは、ある日の食事にナスの肉詰めを一人に五つずつ付けるつもりで、五日も前から準備をされたそうです。これで博士に褒《ほ》められると思い、きれいに盛り付けて麗澤館に運び、博士に差し上げると、まず手に取ってよく見て、はしで二つに割って口の中に入れ、おいしいともまずいとも言わずに「これではおかずにならん。二十個も付けよ」とおっしゃいました。

これからまた何千個もつくるなど、とてもできることではありません。どうしたらよいかと考えながら食堂へ帰って来て、倉庫を開けてみました。そこで目に留まった福神漬けを付けてお見せすると、博士はにたあとしておられたということです。

「ナス五個では婦人・老人には上等なおかずであるが、本科生がご飯を何杯も食べるには足りない。これでよい」ということだったのだろうと、若林さんは理解されました。また、若林さんは、「本科生は今、こういうことをやっています」というお話を聞かれるときの博士は、非常にご機嫌がよかったとも述べておられます。

博士は、「若い者は勉強をするのだから、糖分の補給が必要である」とお考えになり、三時には必ずおやつを出してくださいました。授業が終わると私たちは急いで食堂へ行き、すでに準備されているお汁粉《しるこ》や甘酒などを我先にと頂いたものです。あるいはバナナなどの果物をまとめて頂いて帰り、寮で一人ひとりに配ることもありました。

ところがふだんの食事でも、食べ放題だと言って食べ過ぎて、おなかを壊す者も時には出てきます。すると即座に「それを自我と言うんじゃ」と、かすかな笑《え》みを浮かべて言われました。そうしたこともわきまえて食べなければいけないとのご注意でした。このように健康が第一ということも、なだめたりすかしたりというぐあいに教えていただきました。

健康が第一

廣池博士は学生を非常に大切に思われるがゆえに、時として厳しく接しられることもありました。

当時は、今のようにきちんとした道具がなくても、林の中で拾って来た棒をバット代わりに野球のまねごとなどをして遊んだものでした。ところがあるとき、ボールがそれて見物に来ていた別科の女性の眼鏡に当たり、軽いけがをされるということがありました。それを博士がお聞きになると、即刻、野球は禁止ということになりました。

ほかにやってはいけないとされたスポーツは、スキー、スケート、ラグビー、フットボール、船遊びなどです。とにかく危険なことはしてはいけない、あまり競争心を起こすようなスポーツは品性を害するからいけない、ということでした。

一方、撃剣（剣道）、柔道、乗馬、水泳などは「時に危険を伴うが品性を害さない」ということで、やってよいとされました。その他、許されるものとして縄跳びや綱引き、スローランニング、「蹴鞠《けまり》」などがありましたが、私たちにはあまり親しみのないものでした。そのうちにテニスの硬球を使って野球をするのならよいだろう、ということになり、野球とテニスが主なスポーツになってきました。

博士がこのようにお考えになる根本には、ご自身の過去における大きな体験がありました。一つは、大病をして医者にも見放され、神様以外に頼れるものがなくなったという大正元年の体験と、もう一つは大正四年、天理教本部を去られるときの体験です。

このとき、博士は「自分は世界の平和の唱道者になろうと思っているのに、相手が悪いと人を恨むようでは、とうていなることはできない。相手を悪いと思う自分の心が間違っている」という反省をされました。そうした肉体的、精神的な反省を経て、すべてを捧げて実行に努力し、健康を与えられ、モラロジーを完成することができたのだと博士はおっしゃっています。

博士は「大病になってごらん。論もへちまもない」（『伝記 廣池千九郎』五九八ページ）と述べておられます。病気になった人でなければ、病気の苦しみや健康の大切さをほんとうに理解することはできないものでしょうが、博士はそうしたことを実感されて、「健康が第一である」というお考えに達しておられたのです。したがって、私たち学生に接する場合でも、健康や体を大切にするということに関しては、非常に厳しくおっしゃったのでした。

勉強の動機・目的

廣池博士が厳しくおっしゃったことと言えば、こんな出来事もありました。
当時、本科生には英語の暗唱が課せられていました。ところが、部屋の中で声を出して勉強してはほかの人のじゃまになるので、皆それぞれ外に出て、林の中で大きな声を上げながら覚えたものでした。これも専攻塾に電灯がなかったいわゆるランプ時代には、朝早くか放課後のことでした。

しかし昭和十年の九月に電灯がつくと、街灯がともるようになりました。そうすると、夜は街灯の下でテキストを見ながら勉強しようという者が出てきます。その街灯も数が知れていますので、私たちは街灯の下を占領しようと、夕食が終わると一目散に走って行き、暗唱したものでした。ところが、このことがお耳に入ると博士は「なぜ、そんな無理な勉強をさせるのだ」とお叱りになり、翌日、全員に「バカなことをする。いったい勉強と体と、どちらが大事なのだ。体を壊してまで無理して勉強しても何にもならない」というご注意がありました。

昭和六年五月四日、博士は「我身今神の御傍にかへるとも誠の人をいかで見捨てむ」という歌をお詠《よ》みになりました。このときは「かへるとも」という仮定の言葉であったものが、五月二十一日には「我身今日神之御傍にかへり行きて誠之人を永く守らむ」と、必死の覚悟をされるほど病状が悪くなりました。日記には、この辞世の歌の後に「自己之力以上若《も》しくは力一杯之事業を為す人は、最高道徳にて所謂《いわゆる》誠の人ではない。宥《ゆう》座《ざ》之《の》器《き》之意味参照。力以上の仕事には無理が出来るから」（『廣池千九郎日記』④八六ページ）と書かれています。

人間はつい利己的になり、欲から無理をしがちです。私たちが無理をしそうなときに「体を大切にしてゆっくりたゆみなく続けること」と教えてくださったのは、そうしたご体験をとおして得た実感、そして私たちを思ってくださるお気持ちがあってのことだったのです。

さらに博士は学生の勉強について、「真の最高道徳の実行」と題した教えの中で、「（前略）学生・生徒の勉学する動機・目的が、自分の出世のためとか、モラロジーを発展させるためとかの心づかいであれば、利己的であるから神に通ぜず。しかるに伝統は自分の発達を願い、その成功を喜んで下されているものなれば、自分のことのみを思うものは親でない、伝統でない。その目的に副《そ》うために自分は勉学せねばならない。これが報恩の万一《まんいつ》である。次に、自分が成功した暁には、自分の力と徳とをもって伝統に報恩するという心で勉強すること。この二つの動機・目的にて勉強するのは、無我純真であるから神に通ず(後略)」として、勉強とは親の立場を考え、伝統の心を心として行うものだということを書かれています。

「全山集合」のとき

廣池博士は昭和十年四月に道徳科学専攻塾を開設されてから、十三年六月に亡くなられるまでの間に、専攻塾で五十回近くお話をされました。これには講話だけでなく、「ちょっと伝えることがある」というような短いお話も含まれています。お体が非常に悪くなっておられた十三年には二回しかありませんでしたが、それまでは年に十数回も行われていた計算になります。

博士は当時、温泉地で保養をしておられましたが、「このことを話してやりたい」と思いたたれると、すぐに専攻塾に帰ってこられました。そしてお話が終わると、また温泉地へお帰りになるのです。専攻塾におられるときでも、ご自分で思いつかれたらすぐに「伝えておこう」という気になられ、皆を集めてお話しになりました。したがって、場所も講堂であったり、食堂であったり、麗澤館であったりと臨機応変で、いつ何時召集されるかもわからないという感じでした。

野球でけが人が出たときなどは、その日の晩に私たちを集められ、厳しいご注意がありました。またあるときは朝、食事をしていると「きょうは博士のお話があるから、そのまま食堂に残っているように」と言われ、食事が終わった頃に博士がおいでになり、お話がありました。そのときは、前日に賀《か》陽宮恒憲王《やのみやつねのりおう》のところへ御前講義においでになっていたということで、「昨日はこのようなお話を申し上げた」「このようにごちそうになった」と、宮家でのことを私たちに聞かせてくださったのでした。

また、食事を終えて部屋へ帰ってからも「もう一度食堂へ集まりなさい」とか、「今夜、麗澤館でお話があるから集まるように」と声がかかることもありました。

「博士のお話がある」ということになると、この山（専攻塾が開設されたのは、千葉県東葛飾郡小金町の通称「大勝山」と呼ばれる地でした）にいる者が皆集まってくる、いわゆる「全山集合」といったような雰囲気になりました。本科、別科の学生だけでなく、時には教職員も、お手伝いをしている人も皆、自分の仕事を放っておいてでもお話を聞きに集まりましたので、職場は空になり、専攻塾の全機能がストップしてしまうのではないかという感じでした。博士のお話を聞く機会は、それほど貴重でありました。

ユーモアと優しさ

廣池博士はやせ型で目が細く、きつくお叱りになるようなときは眼光の鋭さが感じられました。しかし、普通お話しになるときはにこにこして、かんで含めるようにゆっくり語りかけるというふうでした。レコードやCDなどに残る博士の肉声を聞くと、その雰囲気がおわかりになると思います。壇上では時々机の左側や前のほうにまで出て、また、時には軽く手を掲げて話しておられました。

開塾早々のことです。食堂は北側の幅三メートルぐらいの床が、三十センチほど高くなっていました。そこは講師が食事をする所であり、時に演壇ともなり、舞台としても使われていました。

ある晩、博士は食堂に入られるとすぐに、そばにいた人に机を二、三並べかえるように命じられました。どうされるのかと思っていると、その机の上に七十歳の博士が立たれたのです。そして何でもないかのように「今夜は皆さんに私の顔がよく見えるように、高い所から話します」と話し始められました。相手を思う博士の実践的態度をまのあたりにし、皆はらはらしながらも聞いたことがありました。

食堂の壁には、博士からの折に触れての注意が、少し大きめの巻紙に書いてはってありました。またあるとき、「男女が二人で歩いていた」といううわさが立ちました。「男女七歳にして席を同じゅうせず」と言われた頃のことです。

しかし、これが博士のお耳に入ると、「親子やきょうだいで勉強に来ている人もいる。そういう人がいっしょに歩いているかもしれないのだから、疑ってはいけない」という内容の注意書きがはられました。博士の注意は必要があればすぐにというぐあいで、「入浴規則」「用便規則」などの注意を板に彫り付けたものも掲げてありました。

そうかと思えば、非常にユーモラスな面もありました。あるとき、博士から「『特質』（『新科学モラロジー及び最高道徳の特質』）を百回読みなさい」と言われたことがあります。『特質』は三百ページもある本です。皆あっけにとられてぽかんとしていると、博士はすかさず「百回は無理だろうなあ。三十回に負けておく」と言われました。三十回に負けてもらっても果たして何回読んだのか、今考えると恥じ入るばかりです。そのときのにっこりされたお顔には、何とも言えない和やかな感じを受けたものです。また、「今はこれくらいの敷地だが、わしはだんだん土地を買っていって、青森まで買うんじゃ」「谷川の温泉をここまで引いてくる」などと言って、喜ばせてくださることもありました。

食堂における食事風景

　後年、博士の奥様にお目にかかった折に土地を買う話のことをお尋ねすると、奥様が「だんだん手を広げられるので、いったいどうするつもりですかと聞くと『わしは金があれば北海道まで買うつもりじゃ』と言われ、悩みの種でした」とおっしゃいました。

「神壇中心」の生活

神風の伊勢の宮居《みやい》の事を先《ま》づ
ことしも物の始《はじめ》にぞきく

これは明治三十七年、明治天皇がお詠みになった御製です。廣池博士は『論文』で、「神を祭ることを『マツリ』といい、国民を統治することを『マツリゴト』と称し、日本の主権者たる万世一系の天皇は毎年の始めにまず神を祭り、一切の政治及び儀礼は必ずこれを神に奉告するのであります」（『論文』⑧一六六ページ）と説明されています。

昭和十年四月二日、道徳科学専攻塾の開塾式には、この御製を博士が絹地にお書きになり、掛け軸用にしたものが記念品として皆に配られました。天皇陛下は毎年の政《まつりごと》の初めに、まずはご祖先である天照大神様のいらっしゃる伊勢の神宮に思いをはせられるということから、神様の心、祖先の心、いわゆる「伝統の心」を自らの心としていくことを絶えず心がけなければならないと教えていただいたわけです。これが、博士のかねてからの念願であった「道徳教育を学校教育で」という「神壇中心」の生活の始まりでした。

現在、この廣池学園の中にはさまざまな建物がありますが、当時は木造の建築物が三種類しかありませんでした。

博士は「教育というものは、まず優れた研究があり、立派な教授が揃《そろ》い、そして立派な文献が整っていることが大切であって、建物のごときは、小さくかつ質素なものを建てれば足りるのである。このたびの大学建設は、単に事業的にすべきではない。なにごともただ人心救済を目的に至誠心であたるべきである」(『伝記 廣池千九郎』六二七ページ)とお話しになっています。そのお言葉のとおり、建物としては勉強をする所、寝る所、食べる所があれば十分だということで、まずは大講堂と寄宿舎、それに食堂がつくられたのです。

大講堂の中には、神壇がありました。私たちの一日は、毎朝全員がここに集まって、神様に誓いの言葉を述べることから始まりました。それを終えてから体操をし、自分の故郷の方角に向かって挨拶をした後、朝食に向かいます。大講堂での神拝は、夕方にも行いました。さらに、寝る前には必ず布団の上に座り、故郷の方角に向かって「今日一日、無事で過ごしました」と報告したものでした。このように、各寄宿舎の玄関に掲げられた「自我没却神意実現之自治制」の扁額のもと、「神壇中心」「祖先を大切にする」という精神が、専攻塾における生活の根本に据《す》えられていたのでした。

品性の仕入れの場

道徳科学専攻塾の別科では、社会人を対象に三か月間の教育が行われていました。昭和十年四月に第一期別科生として入塾した方は、百八十一名。年齢は十代から六十代までにわたっていました。廣池博士は昭和六年に大阪でモラロジー教育の第一声を上げられましたので、やはり関西方面の方が多かったようです。

また、職業としては、自分で店舗や工場を持って商売をしている方、あるいは農業の方などを含めて、約八〇パーセントが自営業でした。そのため、博士は経済・経営のお話をされたことが多かったように思います。

昭和十一年の六月に博士からうかがったお話です。

「商売には仕入れが大切である。よいものを買って高く売りたいのは誰もが考えることである。皆利己的本能を発揮している。こういう考えだと、一時もうけても富をなすことができない。今日の大資産家は、祖先が皆『富をつくって子孫を安泰にしたい』という考えでなしたものだ」

「最高道徳では利益を得るために商売することは許さぬ。仕入れに行くにも得意先に売るにも、皆どうかして幸福になっていただきたいという考えでやれば、自然に信用ができてくる。仕入れは難しい。仕入れさえすれば売ることは容易である。向こうの人を助けたいと思ってやることだ。これが最も大切なことである」

続いて、博士は「品性こそ真の力である。当モラロジー・カレッジ（専攻塾）は、品性の仕入れをする所である。品性を仕入れて、その品性を売ってほしい」と言われました。その品性をつくるにはどうしたらよいのか。それは「人心救済」、つまり人様のために尽くさせていただくこと、人様の幸せに役立つよう努力をさせていただくことです。そうした実行を積み重ねることによって、人間のほんとうの力である品性ができてくる、ということでした。

　したがって、「品性の仕入れの場」である専攻塾とは、言い換えれば「人心救済の訓練の場」でもあったのです。塾生は、勉強をするために入塾したわけですが、勉強をするのと同時に日常生活の中で小さな実行を積み重ね、慈悲心を養うための訓練をしてほしいということも、博士の意図であったのではないかと思います。

　私たちは、常日頃から「少しでも人様の役に立つことがあればさせていただこう」ということで、食堂での配膳や後片付け、また園内の整備などのお手伝いがあれば、皆進んで参加したものです。モラロジーの座談会があるというと、別科生の方について、柏や松戸、遠くは千葉までも案内のビラを配りに行きました。当時はこういうことも、日常生活の中でごく自然に参加できるような雰囲気でした。

専攻塾のみやげとは

昭和十一年十二月、別科第四期生の卒業式が近づいたある日のこと。廣池博士が「何をもって専攻塾のおみやげにいたしますか」とお話しになったということを、食堂の責任者であった若林苦蔵さんが記録しておられます。

私たちは「みやげ」と言うと、普通売店で売られているような物を思い浮かべます。しかし、博士によれば「浅草のりや甘納豆ではおみやげにはなるまい。そのようなおみやげは家では望んでおるまい。しからば何を望んでおられるか。心の更生を望んでおられる」とのことです。「専攻塾へ来て、タバコや酒をやめました」というくらいでは、いつ何時元へ戻るかもしれません。これは更生とは言わず、転向です。更生とは、心の底から生まれかわって伝統本位に行動する人間となることであるとも言われています。

私たちは、自分の肉体的な栄養不良や物質的な不足はすぐに補おうとしますが、精神的な点はなかなか補わないものです。その「心の栄養」が最高道徳なのだと、博士は教えられました。そして、心の栄養を手に入れるには、人心開発救済に努力するよりほかない、というわけです。『論文』には、その実行の手がかりが次のように示されています。

先天的もしくは後天的に慈悲心の萌芽《ほうが》あるものは右の最高道徳の最も重要なる原理を理解し且つ実行するに至るべく、次にこの原理を理解し、それに立脚してこの原理を実行する場合には、慈悲心なくてはこれを完成することが出来ぬのであります。故に相互の関係は一体にして循環的に実現せらるるのであります。（中略）何人に対し、何事に当たりても、人間精神の開発に役立つことか、もしくは人間精神の救済に役立つことならば、これに対して努力を惜しまぬという精神及び行為は、時々刻々にその品性を高め、その結果、自己の徳を増殖することが出来るのであります。（『論

文』⑦八九〜九〇ページ）

まず必要なのは「慈悲心の萌芽」、つまり糸口、兆《きざ》しをつくる努力です。とにかく人のまねでもいいからよいことをやってごらんなさい、ということです。そうすれば最高道徳の原理がわかる。知的に理解すればさらに実行に進める。実行すれば慈悲心が増える。慈悲心が増えればなお大きな人心救済ができる、というわけで、慈悲心と人心救済とは相即不離の関係にあります。また、自分が安心して物事を行うときこそうまくいくように思います。今、こうしている間もどのような心づかいでいるのか。その一瞬一瞬が品性を養成する元になる――。人心開発救済と言うと非常に難しく聞こえますが、まずは身近な所から実行していくことだと博士は教えてくださっています。

実行の難しさを認めながら、その手がかりを示して励まそうとするところに、私たちを何とかして導いてくださろうとする博士の温かい心を感じます。

廣池博士の「困知勉行」

『論文』には、慈悲心に到達するために廣池博士ご自身がたいへんな努力をされたことが述べられています。

　真の慈悲心は私自身の多年の経験から推《お》してみるに、容易に人間の精神の中に起こってくるものではないのであります。ここにおいていわゆる慈悲心が古来諸聖人の精神に自然に湧《わ》き出《い》でたものとすれば、そのいわゆる諸聖人は全く神の再現というよりほかないのであります。しこうして万一当該《とうがい》諸聖人は学んで慈悲心を得たとすれば、更に偉大なる事跡といわなければなりませぬ。私は前記の最高道徳における重要事項の原理を理解して、自己の理性を訓練し、感情を美化せんとなしつつ、人為的に慈悲心を形造

ろうとして苦心且つ努力しておるのであります。（『論文』⑦九七～九八ページ）

私が道徳科学専攻塾におりました頃に用いていた古い『論文』には、このページの上の余白に「生知安行、学知利行、困知勉行」という言葉が書き留めてあります。当時の専攻塾の先生から講義を受けたときの覚え書きです。ずいぶん後になって調べてみますと、これは『中庸』に述べられている内容でした。

『中庸』には、人が行うべき道としての「誠」について述べられていると言われます。この「誠」ということを、生まれながらにして知っている人もある。『論文』には「神の再現」と書かれていますが、そのような人は安らかにこれを行うでしょう。また、学んでこれを知って、真に自分を利するものとして行う人もある。講義の覚え書きには、孔子はこれに該当するのではないか、ということも書き添えてありました。そして、困りながらも努力してこれを知り、勉《つと》めて行おうとする人もある。しかし、これを知り、行うという点では三者とも同じであると、『中庸』には述べられています。ちょうど富士山へ登るのに、静岡県側の御殿場口や山梨県側の吉田口など、いくつかの登山口があるように、その境地にたどり着くにはいろいろな道筋がある、というわけです。

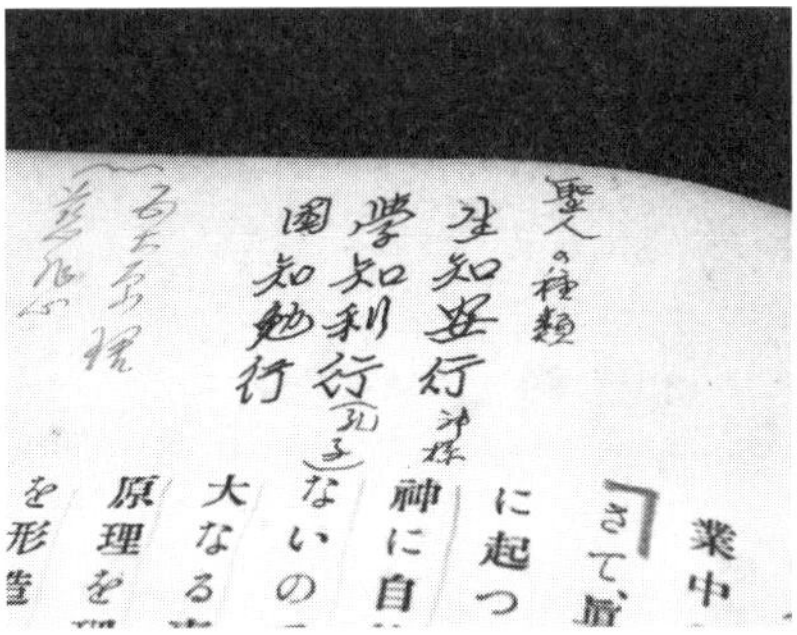

筆者が書き込みを入れた『論文』

『論文』のこの箇所には、博士は三番目の「困って苦しんで、これを達成する」という立場であったことが述べられています。普通には、困って困って困って……と、何回言っても尽きないほど困らないとわからないものではないかと思いますが、博士はご自身の実感を踏まえて「人のまねでもいい、わざとでもいいから実行してみたらよい」と考えておられたのではないかと思います。

実行は日常茶飯のうちに

廣池博士は最高道徳を実行することの難しさを認める一方で、「日常茶飯のうちにもできる」とも言われています。改訂『モラロジー概説』にも「最高道徳は、心づかいを基本とする道徳ですから、いつでもどこでも実行可能なものです。（中略）どのような人に対しても、つねに相手の立場を思いやり、相手の幸せのために尽くす心づかいと行いを心がけていくことが大切です」（一九六〜一九七ページ）と説明されています。

道徳科学専攻塾が始まって間もない頃は、まだ水道がありませんでした。私たちも自分が顔を洗ったり飲んだりする水は、ポンプで汲《く》んだものです。食堂では、このポンプの係をしておられる方がありました。その方が一生懸命に水を汲んでおられる姿を目にされた博士は「たいへんご苦労なことだ。

あの人たちにはおやつを倍にしてあげてくれ」とおっしゃったそうです。

あるいは谷川講堂の建設中、近くで土木の仕事をしておられた方に、「引越しそばの代わりです」と言ってお金を包んで渡されたということや、博士を駅まで出迎えに来られた方が荷物を運ぶ手伝いをしようとすると、「あなた方に持ってもらうと、赤帽さん（駅で乗客の荷物を運ぶ仕事をする人）の仕事がなくなる」と言って止められたということ。また、人を見送るときには、その方の姿が見えなくなるまでじっと立ってお見送りになっていたという話も聞いております。そのように、気がついたところで実行できるのだということを、博士は教えてくださっているのです。

博士は若い頃、国学者の井上頼圀《いのうえよりくに》先生からある一冊の本を借りて勉強をされたことがあり、以来、毎年年賀状を送って感謝の気持ちを表しておられたそうです。当時のことですから、はがき代はほんの一銭ほどだったでしょうが、ずっと後になって、博士が井上先生の手引きで『古事類苑』の編纂《へんさん》に従事されるようになった背景には、そうしたこともあったのではないかと思います。また、『古事類苑』の編纂に携わったときの恩人で、佐藤誠実《さとうじょうじつ》先生という方がおられます。その先生の送迎をする人力車の扱いが少し乱暴なのを知って、博士は「あの先生は実に大事なお方なので、送迎は丁重にしてほしい」と言って、車夫の世話役の方にこっそり心づけを渡されたということもうかがっています。

隠れた所、わからない所でのちょっとした心づかいの大切さを知ることができる逸話だと思います。

素直になること

道徳科学専攻塾に電灯がともったのは、昭和十年九月十五日のことです。それまでは、夜は何をするにもランプのお世話になる生活でしたので、便利になったことを喜んだものですが、廣池博士は「文明の利器であっても当てにならぬときがある。ランプも備えておかねばいかぬ」とおっしゃいました。実際に、その後もたびたび停電でランプのお世話にならなければいけないことがあり、博士が万事、用意周到に考えておられたことを痛感しました。

博士が折に触れておっしゃったことがあります。例えば「外出するときは少し早めに出かけなさい」ということです。駅で忘れ物に気づいていっぺん引き返しても、十分間に合うような余裕を持って出かけるのです。あるいは「人を訪問するとき、約束の時刻の十分前に訪ねるのでは相手の迷惑になる。かと言って、遅刻しては失礼である。少なくとも五分ぐらい前には着いていて、間近になったら訪ねるのだ」ということです。博士のご注意には、そうした日常生活での細かい内容も多くありました。

その中で、特に印象に残っているのが、「素直になりなさい」とおっしゃったことです。よいことだと言われたら、「はい」と言ってすぐにやってみることが大事である、ということです。

昭和十一年のことです。博士が「知り合いや母校に手紙を出して、後輩に専攻塾へ来てもらうように勧めなさい」と言われたことがありました。そこで、すぐに何人も手紙を書いた人がいましたが、私も母校へ書いて送りました。博士をまねてか、筆で書くのが当時の塾生の間のはやりで、巻紙に筆で書いたことを覚えています。

夏休みに帰省しましたら、たまたま家へ来た人から「あなたの書いた手紙が雨天体操場の壁にはってありましたよ」と言われました。それですぐに効果が表れるとは思いませんでしたが、その翌年に二人の入学者がありました。そのうち一人は私よりも二年先輩で、以前からモラロジーに関心を持っておられた方のご子息でしたが、たいへん恐縮したことがありました。

また、引退されたある大相撲の力士が、テレビのインタビューで「親方から教わったこと」を尋ねられ、「素直になりなさい」と言われた、ということを話しておられました。ここでの「素直」とは、実行すること、つまり稽《けい》古《こ》をすることだそうです。「素直になる」ということの意味をあらためて実感しました。

博士のふだんのお話の中に、基本的なこと、大切なことを教えられた思いでした。

人心救済のお手伝い

廣池博士は、「モラロジーの会合等があれば、できるだけ出席しなさい。そして、どんなことでもよいからお手伝いをしたらよい」ということをおっしゃっています。

講演会でモラロジーの話をして、皆さんに知的に理解していただけるように努めることは、確かに直接的な人心開発救済になるでしょう。しかし、そうしたことは誰にでもできるわけではありません。ここで言われている「お手伝い」とは、例えば当時でしたら履き物や自転車を預かって整理をすること、あるいは受付でお世話をすること、会場で案内をすること、何かを運ぶこと、机の整理をすることでもよいのです。

これらは表面には現れない陰の仕事ですから、たいしたことではないようにも思えます。しかし、話を聞きに来られた方が、そのように隠れた所でまじめにお手伝いをしている人の姿を目にしたとき、講師の話の裏づけとしてとらえたり、講師の話以上に感銘を受けられることもあると考えられます。間接的ではあるけれども、そうした陰の力も人心救済の一助になる、ということです。

博士は、「相互扶助」ということの大切さについて次のように述べておられます。

「天地の公道」すなわち「人間としては何人《なんぴと》も行わねばならぬところの道」と申すのは、この宇宙の組織されておる原理を指すので、その原理と申すは、万物相互に助け合うこと、すなわち相互扶助の原理によりて、万有が階級的にもしくは平等的に調和し、もってこの宇宙が組織されておる

ことであるのです。（『論文』①序三ページ）

相互扶助、つまりお互いに助け合うこととは、自分に与えられた仕事に努力し、それをまっとうすることです。

昭和十年、道徳科学専攻塾の開設に際して食堂の責任者となられた若林苫蔵さんは、博士から「食堂とは学生の食を預かる所である。食とは生命を保障するものであり、これほど大事なことはない。陰で学生の食を支え、健康を維持できるように奉仕するということは、間接的ではあるけれども大きな人心救済になる。それは大臣、大将といえども及ぶところではない。心してがんばってほしい」という励ましの言葉を受けられたそうです。

それぞれが自分に与えられた仕事に努力して、これをまっとうすることの大切さ、そして「間接的な人心救済」とはいつでも、どこでも、誰にでもできるものであるということを、こうしたことからも教えておられます。

二度目の「ご苦労さん」

廣池博士は昭和十二年二月以降、十回にわたって、賀陽宮恒憲王にモラロジーについてご進講になっています。博士はその御前講義のために新しく原稿をお書きになりました。これを清書してつくったテキストは、美濃半紙という、Ｂ４判ぐらいの大きさの紙を山折りにしたものに、十本ぐらいの線を引いたものを下敷きにして筆で文章を書き、何枚かをまとめてこよりで綴《と》じたものです。ごいっしょにお聞きになる方々の分、また、博士についていらっしゃる方の分も含めて、同じ本が何冊もつくられました。私もこの原稿の清書をするお手伝いをさせていただいたことがありました。

そのときに最も注意しなければならなかったことは、「一点一画もおろそかにしてはいけない、とにかく正確に」ということでした。打たなくてよい

「点」を打ってみたり、はねなくてはいけないところをはねなかったり、あるいは後から見たら「棒」が一つ多かったり、といった間違いを、非常に戒《いまし》められたのです。一枚の原稿のいちばん終わりの所で一字間違えたときにも、また初めから書き直さなければなりません。しかし『論文』執筆のとき、「一字書くのも祈りを込め」、命をかけてこられた博士のことを思えば、これは当然のことでした。

また、読み合わせについても、まずは自分で一回、それからほかの人といっしょに読み合わせるようにというのが博士のご指導であると、当時博士のおそばにおられた池田貫也《かんや》先生からうかがいました。

あるとき、麗澤館でお手伝いをしていると、博士からお呼びがありました。当時は博士のお話を親しくうかがうことなどめったにありませんでした。その博士から直接呼ばれたのですから、「これは何か間違いがあって、お叱りを受けるのかもしれない」と思い、いっしょにお手伝いをしていた浅野栄一郎氏と、博士がお休みの奥の部屋へ参りました。そして私たちが布団の足元のほうにおそるおそる座ると、博士は体を起こして「原稿の清書を手伝っていただいてご苦労さんです。きょうは褒美《ほうび》にこれをあげる」と言って、何かを手渡してくださいました。

私たちはたいへん恐縮して、その場では何を頂いたのか確かめることもできず、下がってから包みを開けて見ますと、それは歯ブラシでした。気楽な形で労をねぎらおうとなさった博士のお気持ちが、十分に伝わってまいりました。後に、私たちは「心を磨きなさい」ということだったのではなかろうかと、ひそかに話し合いました。

思い起こせば入塾式の前日、私たちが麗澤館で初めて博士にお会いしたときにうかがったのも、「ご苦労さん」という慰めの言葉でした。今回が二度目、直接かけていただいた言葉として心に残る、「ご苦労さん」の一言でした。

「風樹の嘆」の教え

樹欲静而風不止
子欲養而親不待也
（樹、静まらんと欲すれども風止まず、
子、養わんと欲すれども親待たず）

これは『韓詩外伝』（『詩経』の章句によって古事・古語を解釈した書）の中にある一文です。一般には「風樹《ふうじゅ》の嘆《たん》」と言って、生前、親孝行をすることの大切さを説いた教えとして知られています。

廣池博士は『孝道の科学的研究』の中で、このことを次のように紹介されています。

――皐魚《こうぎょ》という人が泣いているので、孔子が訳を尋ねると、皐魚は「私は三つのことを失った」と言います。一つは、遊学している間に親が亡くなったこと。二つ目は、主君をいさめようとしたけれども、それを成し遂げることができなかったこと。三つ目は、ちょっとしたいさかいによって、友だちと仲たがいをしたこと。そうして、皐魚は嘆くのです。「樹が静まろうと思っても、風は止んでくれない。子供が親に孝養を尽くそうと思っても、そのときにはもう親はいない」と。孔子がこの話を戒めとして弟子に説くと、親を養うために孔子の元を辞して国に帰った者が十三人いた――（『孝道の科学的研究』一六三～一六四ページ）。

次に、私が御前講義の原稿の清書のお手伝いをしていたとき、中田中先生から次のようなお話をうかがいました。

博士は『孝道の科学的研究』をお書きになっているとき、「この文に『而』という字が入っているかどうかを調べて来るようにとおっしゃったそうです。そこで、中田先生はこのたった一字について調べるために、京都まで行かれました。そうして結局、『韓詩外伝』全巻一帙《いっちつ》を買ってくることになった、ということでした。

博士がおそらく大正の初め頃にお書きになった短冊には、「静」と「風」の間に字が入っていません。しかし、正確を期してこのように調べられ、『孝道の科学的研究』ではそれぞれに「而」の字が入りました。

博士ご自身もまた、親孝行の大切さをほんとうに悟られたのは、ご両親が亡くなられた後であったということです。『論文』では、冒頭に紹介した『韓詩外伝』の文を引いた後、「私の後悔は実にここにあるのです。されば、いまや世界の人々にこの伝統の真理を悟っていただいて、真の孝行を実行せられんことを勧め、かくして間接に世界一般の老人に安心を与え、いささか父母に対する大恩の万分の一を報ぜんことを心掛けておる次第であります」（『論文』⑦三四五ページ）という決意が述べられています。

紳士になりなさい

廣池博士は私たち学生に、よく「皆さんは紳士になりなさい」とおっしゃいました。中には女性もいましたので、「紳士淑女《しゅくじょ》」と言われることもあったように記憶しています。当時の私にとって、「紳士」という言葉は「身だしなみから言動までが上品な人」という印象でした。そう考えると、別科生の中には年配の方で、いかにも紳士然とした風貌の方もおられました。しかし、私たち年若い学生には縁遠い言葉のように思えたものでした。

「紳士」は明治の初めにイギリスの文化が入ってきたとき、ジェントルマンの訳語として生まれた言葉と言われています。博士は、日本には元来「士」という言葉が伝えられ、「士」とは「刀を差す階級」ではなく「最高道徳を実行する者」であり、英語のジェントルマンに当たると説明されています。

昭和九年に関西で講演を行った際には、道徳科学専攻塾では「紳士」を養成することを述べ、その人物像を「慈悲で至誠で温和で親切で公平で剛健で沈勇で、かつノーブル（上品）」とも形容しておられます。

専攻塾で実際に行われた教育は、寄宿舎の玄関に掲げられた「自我没却神意実現之自治制」の扁額に象徴されていると思います。つまり「ああしなさい、こうしなさい」という細かい規則で学生を縛るのではなくて、一人ひとりの良心に従って行動すべきことを示されたのです。しかし、それでも共同生活で勝手なふるまいはできませんから、お互いに助け合い、自ら人の役に立つことを考えて行動するようになります。そうするうちに自然と道徳性が身に付いていくということでした。

「紳士」としてのふるまいについても、私たちは博士から具体的な言葉をもって教わることはありませんでした。しかし、学生に向けられた博士の温かなまなざしや折に触れて聞くお話、博士の意を映し出した学園のあり方などの中から、学生は自分なりの課題を見いだし、努力をします。その姿勢、その精神が先輩から後輩へと受け継がれてきたところに、現在につながる麗澤教育の特色があるのだと思います。

ところで、日本人として代表的な「紳士」と言われた新渡戸稲造《にとべいなぞう》博士は、「規則は Be gentleman！（紳士たれ）の一言でよろしい」というクラーク博士の教えを受け継ぐ、札幌農学校の二期生でした。新渡戸博士は『道徳科学の論文』の序文の執筆も引き受けておられ、廣池博士の恩人のお一人です。その精神的なつながりを考えるうえでも、「紳士」という言葉は深い意味をもつのではないかと思います。

息吹を感じる場所

昭和十二年三月十八日、道徳科学専攻塾の本科二年を修了し、学園を離れるという学生が何人かありました。廣池博士はその人たちに対して、次のようなお話をなさっています。

一、モラロジーの実行を忘るるなかれ。この一つにて他日の出世幸福疑いなし。
一、モラロジーの原典を絶えず読むべし。
一、英語の練修を怠るなかれ。毎夕、カレントトピックスを聴《き》くべし。
一、英語にて書ける道徳、経済、商工業の書を読むべし。
一、新聞の経済欄を読むべし。その参考には『相場の見方』という書を求めてこれにたよりてよむべし。
一、毎年二回以上小金の神壇に参拝して霊地の有形無形の空気を吸い、もって精神を一洗すべし。（『廣池千九郎日記』⑥一七五～一七六ページ）

ここでは最後の項目に注目したいと思います。一年に二回はこの学園へ帰り、その雰囲気に浸《ひた》って自分の心を見直し、心を清める機会としてほしい、というものです。近年、麗澤各校では卒業生を招いて「ホームカミングデー」が催され、恩師や同窓生、在校生との交流など、さまざまな企画が考えられ、実施されているようですが、私は博士のこの言葉が廣池学園における「ホームカミング」の原点ではないかとひそかに思っています。

その心は、二代目の廣池千英先生にも受け継がれました。先生は長年、卒業式で「一生懸命努力をして、どうしても困ったというときには学園へ帰って来なさい。いつでも相談に乗ります」とおっしゃいました。卒業生にとっては、非常に心強い励ましの言葉でした。

私自身も今、時々学園へ参りますが、いつも「心のふるさとへ帰る」という思いになります。園内に入れば木々の間をとおして博士の銅像を眺めることができ、また近づけば親しく仰ぐことができます。さらに廣池千九郎記念講堂に入れば、まず正面にある博士遺墨の銘板「麗澤」の意義を確認し、さらに多くの展示品によって博士にお目にかかった七十年前のことが思い出されます。そして、博士に導かれ、また後押しをされるような気持ちになるのです。

この学園には、どこか博士の息吹《いぶき》が感じられる雰囲気があります。記念講堂を出て左手を見ると、桜の木がひさしを突き抜けて枝を伸ばしていますが、これも博士の「生物を殺さず、仁草木に及ぶ」（『論文』⑨三六〇ページ）という精神の証《あかし》であろうと思います（表紙カバー参照）。一木一草に至るまで博士のお考えが及んでいるこの学園で、ぜひいろいろな所をご覧になって、その空気を吸い、博士の温かいまなざしと祈りを思い、心の糧にしていただけたらと思います。

伝統の心を心として

廣池博士は、人心開発救済が大切であり、その実行によって自らの人生が開かれていくのであると、繰り返し教えてくださいました。私が専攻塾で出会った別科の先輩の中には、「寝ても覚めても人心救済」とスローガンのようにおっしゃっている方がありました。日常生活の中で、どんな小さなことにも「人様の幸せのために役立つように」という心になって、できることから努力をしていくことが大切だと教わりました。

ごちそうを前にしたときは、「どれがおいしいだろうか」と考えているよりも、まずは頂いてみることではないでしょうか。同じように、教えていただいたことを取捨選択する前に、まず実行してみることです。そこで教えの正しさが実感できたら、さらに実行に励めばよいでしょう。

ところが、私たちはその教えがよいことだと知りながらも、つい、なおざりにしてしまうことがあります。実行に励むためには、もちろん『論文』などのモラロジーの原典を読むことも必要でしょう。しかし、まずは同じ道を志す仲間と共にあることも大切です。

モラロジーの研究会や会合などには、できるだけ出席してその雰囲気に浸ること。そこでいろいろなことを見聞きし、何かお手伝いをさせていただいたりして、自分自身を高めていくことができます。鍋の中から転がり出た煮物は、あるいは捨てられてしまうかもしれません。私たちもつい怠りがちになってグループから飛び出してしまったら、自分ではなかなか元に戻りにくいものです。鍋の中でぐつぐつと煮られるように、絶えずグループの中にあって、その雰囲気の中でお互いにもまれていくことが大事である、ということになります。そうするうちに、味のあるものが出来上がるのでしょう。

昔、年配の先生から「年を取ると借金ばかりですよ。皆様に教えていただくことばかりで、どうしたらこの恩を返せるかと思うと、なかなか気が重いのです」とうかがったことがあります。私も年を重ねてきて思うのは、ほんとうに多くの方のお世話になり、教えていただくことばかりです。

博士は「何時《いつ》、如何《いか》なる場合、如何なる人に対しても、自分は其人《そのひと》の親であるという心使いにて、其人の心を慰安し、其人の道徳心、特に最高道徳心を開発しようと努力する時には、たとい先方は救われずとも自分は安心し向上して幸福に為るのです」という教訓を残し、私たちがただひたすらに子供を見守り育てていこうという「親の立場」になって人心救済に励むことで、私たち自身が救われていくことを願われました。博士のその意を体し、お互いに伝統の心を心とするよう少しでも努力をさせていただきたいと思います。

後世への遺産

人は誰しも、自分の子孫に何かを遺《のこ》したいと思うものでしょう。しかし、何を遺したらよいのかが大切になります。

廣池博士は、子孫を教育することの大切さに早くから注目しておられます。青年教師の時代、お金がなくて学校に通うことができない子供を見て、博士はその親に「よい子を育てることこそが、皆さん自身の幸せにつながるのではありませんか」と語りかけ、毎日のお酒やたばこ代を少しずつ節約し、そのお金を子供の教育にあてることを説かれました。

昭和八年、門人の方々を伴って伊勢の神宮に参拝された博士は、そこで「子孫を教誨《きょうかい》して正統の教えを相続さする事」（第二五十鈴河畔の教訓）という教訓を示されています。また、昭和九年の講演では、「モラロジー教育によって子供の道徳性を涵養することが、自分と子孫にとって真に価値あることである」と述べておられます。これは関西でのお話でしたので、聴衆には商店等を経営されている方が多かったのでしょう。「皆さんは手っとり早くお金がもうかる話をしてくれたらよいと思われるかもしれませんが、実はこういう教育の話がいちばんもうかる話なのですよ」ともおっしゃっています。『論文』では、「最高道徳の宝物」について次のように記されています。

㈠　われわれが自然の法則に従い、
㈡　伝統を尊び、
㈢　人心の開発もしくは救済をなし、もって聖人のいわゆる積善を行い不朽の徳を扶植すること。（『論文』⑨二三ページ）

物は年月を経ればいずれは朽《く》ちてしまいます。ですから、まずは私たち自身が最高道徳を実行することによってよりよい人生を築き、徳を遺す努力をしていくことがいちばん大事である、というわけです。その積み重ねられた徳、また、そのように生きる道が説かれているモラロジーは、私たちが子孫に遺せる何よりの「宝物」と言えるのではないでしょうか。

私は十代で専攻塾へ入塾し、初めてモラロジーを学びました。全寮制の塾では、玄関で履き物をそろえたり、汚れている所があれば掃除をしたりということに自然と手が出るようになり、それは後々までの習慣となりました。日常生活の中で、身近な所から、人のために何かを実行できる学生を育てること。博士の教育の意図は、そこにあったのではないかと思います。

その流れを汲む廣池学園は、博士が人を救おうとして、全生涯をかけて遺された遺産と言えましょう。今日、この学園を国の内外から多くの人が訪れ、博士の教えに接し、モラロジーの研究・最高道徳の実行へと努力されているのは、まことに意義深いことと思います。

受け継がれる心

ここでは、廣池博士の生涯を貫く意思とこの学園にかけられた願いについて、あらためて確認したいと思います。

若い頃から晩年までをとおして、廣池博士が折に触れて立てられた誓いや決意を読むと、「志を立てて努力することによって自分自身を高め、人様を助け、人様が幸せになることをさせていただきたい」と、常に考えておられたことがわかります。

博士は小川含章《がんしょう》先生の麗澤館に学んだ十代の頃、「志を立てれば何事もできないことはない」と漢文体の文章に表されました。二十代では「五十以上にて国事に奔走、死を致すも可なり」「国のため、天子のためには生命を失うも厭《いと》わず」と、命をかけても国のために尽くすことを誓われました。

大正元年の大患の際は、モラロジーを学問としてまとめるために二十年の延命祈願をされました。その後、大正四年の困厄を経て、最高道徳の核心となる「慈悲寛大自己反省」の精神に到達されます。それは天照大神が素戔《すさ》嗚尊《のおのみこと》の乱暴を善意に受けとめ（「詔《の》り直す」）、さらに乱暴が極まると「自分の不徳の致すところ」と自己に反省をして、天の岩戸にお籠《こも》りになったという事跡の中に見いだされたことです。

そして、何があっても人と争うようではとても世界の平和の唱道者にはなれないと考えた博士は、ここで「たとえ自己には過失も罪悪もないのに他人から迫害された場合、これを自己の不徳と反省する」と述べておられます。

昭和六年は、先の延命祈願の期限のときでした。栃尾又温泉滞在中に病状が悪化し、死を覚悟された博士は「我身今日神之御傍にかへり行きて誠之人を永く守らむ」と、辞世の歌を詠んでおられます。博士はこれを乗り越えて、モラロジーに基づく社会教育の第一声を上げられ、続いて道徳科学専攻塾を開設し、学校教育に着手されました。そして、賀陽宮恒憲王へのモラロジーのご進講が始まり、晩年には「我身自らたいまつと為りて世界を照すなり」と記されています。それは自らが松明《たいまつ》となって燃え、その光と熱を周囲の人々に与えていくものになりたいという、博士が生涯貫かれた人心開発救済への意思です。その博士によって、この廣池学園という松明が灯され、現在まで受け継がれてきたのです。

＊

昭和二十三年に「道徳科学専攻塾高等部」として開校した麗澤高校は平成二十年度で六十周年を迎え、秋に開催された大同窓会には約千名の卒業生が集いました。いろいろの行事も行われ、皆で昔話に花を咲かせ、楽しく意義深い一日でした。

私が麗澤高校の主事（現校長）をしていた頃、生活目標として「率先躬行《そっせんきゅうこう》」を掲げていました。当時は全寮制ですので、生徒は学年が上がるにつれて自分の勉強にいっそう励む反面、生活面では後輩のお世話をするという責任を負っていきます。そこで、まずは何事も自分自身が先に立って実践し、物事がうまくいくようにという気持ちで努力するのです。その生活は、時にはつらいことがあったとしても学ぶことが多く、後で振り返ると大きな思い出になっているようです。

平成二十一年度には大学開学五十周年、そして二十二年度には学園創立七十五周年、瑞浪の高校開校五十周年、中学開校二十五周年を記念する行事も計画されています。また多くの卒業生が集い、思い出の一ページを加えることでしょう。

私自身も昭和十年に専攻塾へ入塾した頃、講義だけでなく生活の中で多くのことを学び、また、年長者の方々からも多くのことを教わりました。先輩としての責任や率先躬行の姿勢は、生活の中に脈々と息づいて、先輩から後輩へと自然に伝えられてきたように思います。卒業生の中には学園に奉職し、教職員の立場から「後輩」たちを見守ってきた方も多くあります。博士以来の伝統を受け継いだこの学園の雰囲気は、学生・生徒の日常の礼儀正しさ、友人や後輩を大切にする姿勢などにも表れ、ここを訪れる人たちの心に残るようです。学園の創立から、もう七十有余年。時代の流れと共に学園は大きく発展し、さまざまな変化がありましたが、その心は現在の麗澤各校にも確かに受け継がれていると思うのです。

＊

この学園での私の生活は、「ここで勉強するということは、将来たいしたことになりますよ」という、廣池博士の励ましの言葉で始まりました。起床、消灯などを知らせた鐘の音は、今なお耳に残っています。思い出の中の鐘の音とは若干異なりますが、今日の麗澤中学・高等学校の庭でもやはり鐘の音を聞くことができます。

私自身の学生としての五年間は無我夢中のうちに過ぎてしまいましたが、考えてみると、今日このように思い出にふけり、博士についていろいろと述べさせていただけることが、何よりの「たいしたこと」になっております。ただただ、感謝のほかありません。

第二章　廣池千九郎博士との出会い

学園とランプ

近頃、毎日毎晩のように停電するたびに思い出されてくるのは、昭和十年春、大勝山が初めて開かれ、私が一年生として入塾した当時のことです。私はこの頃をランプ時代と呼びたいと思います。入塾する前から不便な所だとは幾分聞いていたのですが、来てみて駅からのあの遠い路、人里はなれた山の中では全く心細い感じになりました。

次に寄宿舎に入ってみて、電灯のないのには全く驚きました。それほど不便だとは思っていなかったからでした。ところが夜になり、各室に配置してあったランプをつけてみて、その光の明るいのに再度驚きました。ランプがこんなに明るいとは想像だにしなかったからでした。台ランプ一つの光で十二畳の室は十分でした。二人用の長机をコの字形にならべ、切れた所を窓辺につけ、その真ん中にランプを入れました。

すると、ちょうどランプの周りにランプに向かいつつ机に向かって座ることになり、その光で十分読書することができました。ランプはその光のほかにまた、その熱をも利用することができました。ランプの真上に天井より薬《や》缶《かん》に水を入れて吊るしておけば、わずか十分位でお湯が沸き、茶の用にも供することができました。

寄宿舎ばかりでなく、その他すべて夜の光はランプによりました。図書館で本を読むときもランプ、食事のときもランプ、入浴のときもランプ、夜の講義のときもランプ、皆ランプの光のおかげを受けていました。

夜、出て歩くことはめったになかったのですが、それでも何かの用事で出ねばならぬときは、道のあちこちにあるランプの世話になりました。正門の前、図書館の入口、食堂の入口、浴場の前、住宅に行く谷の道の両側などにはランプの街灯がともっていました。

またランプにもいろいろあって、寄宿舎の各室には台ランプ、講堂や食堂のような広い所には天井より吊り下げるランプ、浴場や便所のような所には、反射鏡付きの壁にかけるようにしたランプ等がありました。

当時の日課の一つにランプ掃除がありました。すなわちホヤの曇りをとり、金具をみがき、石油が切れてはいないかと調べる、その中でもホヤの掃除が大変でした。廊下に腰を下ろし、割らないように注意しつつ、新聞紙を捻《ね》じ込んでいた姿が思い出されます。

昭和十年三月三十一日夜、明日からは四月で、桜もやがて咲こうというときなのに、しきりと雪が降っていました。その晩、その日のうちに学校に到着した者に、廣池博士からお話がありました。思えば私が初めて博士にお目にかかり、お声を聞き、何かしら深い感銘を受けたのも、あのランプの光の下でした。

ランプ時代に関連して思い出されるのは、当時の野球です。今日のような立派な運動場がなかったので、旧武道場の所が三角地帯で材木が置いてあり、その脇にわずかの空き地があったので、二、三のグローブとボールを持ち寄り、バットは松の枝を荒削りにして使い、そこで野球をやりました。ちょっと強く打てばすぐ林の中に入ってしまうというような有様でした。

九月頃になっていよいよ電灯がつき、便利なものだとあらためてありがたく思いました。そのとき博士は「電灯はついたが、文明の利器だって当てにならぬときがある。ランプも備えて置かねばいかん」と、ランプの効用を言われました。その後たびたびの停電にも、すぐランプを吊って用を達し、やはりその光の世話にならなければなくなり、博士のお言葉をなるほどと思い出しては、博士が何事に対しても用意周到ということを常に考えておられたことを痛感いたしました。

その後十余年、昨今ではランプだけの用意周到さを保つのも容易ではありませんが、私も近頃、破損した昔のランプを修理して、昔のままのランプを備

ランプの下での勉強生活（寮）

えました。停電のたびにこのランプをつけ、その光のおかげを受けています。そして、そのたびに博士のお言葉を思い出し、またランプの光で本を読み、松の丸太でボールを打ち、それでいて十分楽しく過ごしてきたランプ時代を非常に懐かしく回顧しています。

博士は大きなことを言う

廣池博士が「バカ」と言われるときは、「そういうバカなことをする」というような意味で、非常に厳しい口調で言われました。今日、相手にそんな言葉を使えばいろいろ問題が起こることでしょう。吉田茂元首相が「バカ」と発言したので国会が解散し、内閣が変わったこともありました。プロ野球の監督が辞任したというような話もあります。

ところが、博士が古い研究者に向かって「バカ」と言うと、それはたいへん意味があったようです。古い先輩の中には、博士から「バカ」と言われるのを待っているという方が相当いました。というのは、博士から「バカ」と言われると、「おまえはモラロジーが少しわかってきたのだ」という意味で、そういう人になると、博士が直接「バカ」と言われるのだというのです。だから、早く博士から「バカ」と言われないか、何とか「バカ」と言ってもらいたい、と期待していたと聞いたことがあります。

同じ「バカ」でも、言う人によって、そのように考えてもらえるので、言葉というのはほんとうに使い方次第です。その言葉を言う人の心の中にどんなことが考えられているのか、ほんとうに相手のことを考えているかいないかであリましょう。

博士が古い研究者に「バカ」と言われるのは、「おまえなら『バカ』と言ってもわかるだろう」という意味で言っておられるのです。その点、たいへん心のあり方が難しい。そういうことから、「博士はほんとうに相手のことを思って話されているのだなあ」ということを痛感しています。

時には、「自分は世界の人心を救うような精神力がある」などと言ったり、谷川の温泉が非常にいいというので、「よし、谷川からこの学園までパイプを引っ張ってここへ持ってこよう」などと言われたこともあります。

また、「今は学園もこれくらいの敷地である。しかし、わしがだんだん買って行って青森まで買ってしまうのだ」など、まさに大ぼら吹きで、私は「博士は大風呂敷を広げる人だなあ」と思ったものです。しかし、その奥にほんとうはどういうことを考えておられるのかということを、われわれは絶えず考えなくてはいけないと思うのです。

厳しいお叱り

廣池博士はやせ型で、目が小さくて奥が深い。しかし、その目はたいへん鋭い感じでした。頭もそんなに大きくはなかったように思います。たいてい帽子を被《かぶ》って、ステッキを持って歩いておられました。壇上で話されるときには、机の左端に出て、片手を机に置いて話されました。しかも九州弁で「ちょる、ちょる」というような言い方が絶えず聞こえてきました。

私たち学生はたいへん優しくしてもらったと思います。話されるときにも目を細めて、にこにこして話されました。あるいはわかりやすく、一つ一つじゅんじゅんと説明するという話しぶりでした。今日残っている博士のレコードやテープを聞かれれば、その話しぶりが想像できると思います。しかし半面、またたいへん厳しいところがありました。博士が何かのことで注意をされるときには、非常に鋭い目付きで叱られました。

昭和十年の秋に学園に電灯がつきました。当時は英語の勉強でよく暗唱を課せられました。みんな何とかして暗唱しようとしたものです。部屋の中で暗唱すると同室の人の邪魔になるので、外へ行って声を出して暗唱しました。朝早く起きて、みんなが寝ている間にそっと外に出て、林の中で暗唱した者もいました。これだと人の邪魔にはならなかったからです。

また、夜になると街灯の下に行って暗唱しようとみんな考えたのです。ところが、街灯の数は限りがあるから、なるべく早く行かなければなりません。夕食を終え先に街灯の下に陣取っていないと、なかなかいい所が取れないので、夜になると街灯の下に集まる塾生がどんどん増えてきました。今はありませんが、大講堂の横の低い所に中講堂というのがありました。ここには電灯はついていないはずなのにボーッと明るいので行ってみると、ローソクを立ててその明かりで暗唱していたのです。

そういうことを博士が聞いて、「バカなことをする。勉強と体とどっちが大事なのだ。体をこわしたら何にもならないのだぞ」という意味で、たいへん厳しく叱られたことがあります。「勉強せよ」という半面、「無理に勉強してはいけない」というように教えられました。無理に勉強してはいけないということは、博士自身に大きな体験があるから、我が身を振り返って、われわれにそういう注意を与えられたのだと思うのです。「勉強方法も間違ってはいけない」という教えです。

Be Gentleman！

この二、三年、いつも心に思うことは、「人に迷惑をかけるな」ということです。

こう思って過ぎた日々を顧みると、恥ずかしく思うことがたくさんあるのです。このことを思うたびにいつも思い出すのは、廣池博士がよく私たちに、「君たちは紳士になりなさい、紳士にならねばいけません」と言われた言葉です。そのとき私の想像した紳士とは、身だしなみの上品な、言語動作の礼儀にかなった人であり、学生とは縁遠い人であったように思ったものです。

しかし博士のこの言葉を思い起こし、また書物の中で紳士という語を見たり、英語の教科書の中で gentleman という語と出会うたびに、よく注意してみると、これが深い意味をもっていることがわかりました。

「紳士」とは、よく口に出して言いますが、さて、その定義はとなると、英語の gentleman と同じようになかなか難しいようです。

というのは、紳士は英語の gentleman の訳語らしいのですが、gentleman には古い歴史があるようです。昔のいわゆる名門の人という意味で、国王の侍臣として名門の出にふさわしい美質をそなえた、善行を行うのが常で、いわゆる中世の理想的人物でした。今、その意味の起源や変遷は別として、要するに、財産の問題よりも、良心の鋭さやすぐれた人格のことです。イギリスの神学者ニューマンという人は次のように述べています。

「決して苦痛を与えない人と言えば、ほぼ gentleman の定義になるだろう。そのおもなる仕事は周囲の人々の自由な行動を妨げる邪魔物をとりのぞくことにほかならない。真に留意することは、ともに伍する人々の胸中に不調和なり動揺なりを引き起こすものをことごとく避けることである」

しかし、これで最高の理想的人格とは言えないでしょう。博士の教えからすれば、もっと積極的な面も必要ではないでしょうか。すなわち抜苦与楽の人、真に慈悲のある人と言われる人でなくてはならないように思います。

またイギリスの詩人ホヂソンは、ある日本人に、「gentleman とはどんな人か」と聞かれて、「日本ならば新渡戸稲造博士のごとき人だ」と答えたということですが、クラーク博士の言った「規律は Be gentleman！の一言でよろしい」という言葉と思い合わせてうなずける言葉です。

私は、教室で教科書の中に gentleman という語が出てきたときには、よく生徒たちに gentleman のもつ意味やこのような逸話を話したり、また教室で他の生徒たちの迷惑を顧みない態度の悪い生徒に個人的に注意するときにも、こんな話を交えています。しかし、廣池博士からこの言葉を教えられた私自身が、果たしてその語に値する人間になっているかどうかと反省してみるとき、その期待に背いていることを認めざるを得ません。

私はこの語を口にするたびに博士の言葉を思い出し、自分自身に対する反省と、今後の努力への誓いの言葉としています。また、人に迷惑をかけないように、まず身近なところからその実行に努めたいと念じています。

経験を積んだ人の言

約五年間の学園生活の中で、知らず知らずのうちに、何か人生に対する考え方を与えられました。卒業後、実社会に出てみると、世間にはいろいろの波があり、その波に当たって初めて道徳的な考え方の大切なことを知ることができました。今日、自分がまた若い人たちに接する立場にあることを思うと、あの博士の一言を痛切に感じるのです。

私は、最初に博士から優しい言葉を聞き、すっかり安心してしまって「もう、これは任せておけば大丈夫だ」という安易な気持ちになってしまいました。最初は自分が努力するということよりも、「頼る」「安心してお任せする」というような気持ちであったと思います。そして、博士が言われた「ここで勉強する」ということに深い意味があったと知ったのは、ずいぶん後のことでした。その裏に博士の深い考えがあったということは、だんだん年を経るにしたがってわかってきたように思います。まだ若かった私は、ただ知識欲に燃え、勉強といえば書物による知識の吸収のみを考えていたのです。入学後初めて聞いたので、道徳の勉強のことが私の頭になかったのは当然のことです。

「経験によって知恵がつく」とよく言われます。これは経験を積んだ人の言ですが、何事も経験して初めてその正しさがわかるのです。老成した人と若い者との考え方の相違は経験の多少に基づくものであり、特に道徳的なことについては若い人たちに受け入れられ難いのも、経験の少ないせいです。

高校の教師時代、私はその勉強法について、積極的に教科書中心の勉強の大切なことを強制しました。しかし、生徒諸君たちはいくら忠告しても、なかなかその忠告に従わないで、卒業して初めてその愚を悟るものが多いのです。もう少し素直に耳を傾けてくれたらと思うことがしばしばでした。同じことが、モラロジーの研究についても言えると思います。経験を積んだ人の言葉を、できるだけ早い時期に素直に聞き、自己の経験を重ねていくことが何事にも大切だと思います。

かつて私は、学園生活が懐かしく思い起こされ、その回想を一つ一つたどっていくうちに、このことがふと思い出されました。あのとき、博士がどんなことを言われたのか、いくら努力しても記憶に甦《よみがえ》らず、思い出そうとすればするほど、ただ一言「ここでの勉強は、将来たいしたことになる」と言うことだけが大きく耳に響いてくるのでした。

このことがあって以来、私は人の話を聞く場合、できるだけノートをとるように努めています。そして、廣池博士の「ここで勉強することは……」の言葉を思い起こし、道徳的な経験をより早く、より多くすることが必要なことであると感ずるとともに、今後、ますます努力して、経験を重ね、深めていかねばならないということを痛感した次第です。

教えを実行に移すことが大切

今、学園生活を回顧して、博士の言葉を胸に浮かべてみるとき、その解釈には種々ありますが、私にはこの思い出がすべての苦しみや失敗を忘れさせ、一つの楽しいものとなり、明日の生活への原動力となってくるのです。昭和十年、道徳科学専攻塾生として初めてこの地を訪れ、学園に対する自己の想像が打ち砕かれたことは事実でしたが、母校の教壇に立って現在を全うしている自己を顧みれば、ほんの一服の清涼剤に過ぎなかったといえます。

昭和六十年は学園創設五十年記念の年に当たり、まさに我が身を振り返って自分の五十年であるとつくづく感じています。だんだんと年月も経ち、博士を偲ぶということで、ほんとうに博士を知っていなければならないわけです。かつて古い先輩の方が、「博士を知っているということは、それだけ君たちは借金が多いのだ。ほんとうにいろいろなことを聞いたのだから、それにふさわしいことをしなかったら、ほんとうに自分の負債になっていくのだ。だから、古い人ほどたくさん借金を背負っているのだ」と言われたことがあります。

果たして、博士を知っている方が幸せかというと、必ずしもそうではありません。もし幸せだとすれば、博士在世当時の古い研究者は、皆立派になって、大成功者になっていなければならないはずですが、そうとばかりは言えないわけです。博士を偲ぶということ、博士の教えを実行するということは、必ずしも博士に直接会って知っているということではないのです。

博士も、「余を知らずして、余を知れる者あり。それは余の書物を読める人である」と言っておられます。これとは逆に、博士を直接に知っていても、ほんとうに知らない人もいて、それは博士の書物を読まない人であるということになります。博士の書を読み、理解することによって、また、その心になろうと努力することによって、博士を知ることができるのです。そういう意味で、博士を偲ぶということ、それが即、教えられていることを実行に移していくということでなければならないと思うのです。

博士はいろいろな所で誓いを立て、また決意をしておられます。最大の決意は、「自分の命もいらない」ということを何回も言っておられることです。そして、「命もいらない」と言われながら何を求めたかというと、それは自分の将来のことではなくて、ほんとうに人様のためになること、人様によくなっていただくことを願っておられるのです。私どもは、そういう学園で学び、仕事をさせていただいているのです。

しかし、この学園が成り来たったのには、その背景があります。今学園で学び、仕事をしているわれわれだけでは何の力もありません。やはり、その背景に廣池博士がおられ、モラロジーがあり、学園があり、現理事長がおられる。そういう背景があって、初めて私どもも力を出していくことができるのです。その背景を忘れてはいけないと思うのです。

学園に来られる方は、いろいろなことを期待して来られると思います。来てみて、果たしてその期待通りのものかどうか、中には期待に反する思いをされる方もあるでしょう。立派な建物だと思って来たら貧弱だったということもあるでしょうし、あるいは、たいしたことはないのではないかと思って来てみて、立派なので驚く方もあるでしょう。外観だけでなく内容についても同じことが言えると思います。

したがって、ここに最初に来たときの思いが期待に反することが多くても、それはいい意味で「期待に反すること」であってほしいと私は思っています。それは、学園で仕事をしている人の言動の中から、何かを得て帰って行かれるからだと思うのです。

私どもこの学園に奉職する者は、来園された方々が期待に反することがあっても、「いいもの」を持って帰って行かれるようにしたいものです。そういう意味で、私どもは廣池博士が教えられていることにふさわしい努力をしていくということ、つまり「自分が努力しているのかどうか」ということを絶えず反省しながら、常に勉強し続け、実行する姿を表していかなければならないと思います。

昭和十二年頃に、博士が書かれたものの中に「勉強の目的」ということで、「伝統の心を心とする」ということが記されています。いわゆる、親の立場を理解して実行することが大事であり、私どもが日々の生活の中で、それができるのだということを教えておられます。日常茶飯のうちに、天人合一の世界を実現できるのです。

お茶を飲んだり、ご飯を食べたり、あるいは箸の上げ下ろしの中に、私どもはその心を実現していくことができると教えていただいています。絶えず感謝の気持ちをもって、その姿勢を表していく、そういう努力を積み重ねていくことが大事であり、それは、私どもの考え方一つでできると思います。

廣池博士との最後の面会

昭和十三年五月下旬、私は体の調子をくずし、廣池千英先生（当時次長）のご指導で谷川で静養させていただいていました。一週間ほどで回復し、郷里の岐阜へ帰って二、三日した頃、朝刊で博士の死亡記事を見たときは、自分の目を疑いました。

すぐさま汽車に乗り、夕方学園に帰ると、すでに博士のご遺体は柩《ひつぎ》に納められて麗澤館に安置されていました。千英先生にご挨拶を申し上げると、先生は私を柩の側へ連れて行かれ「これで最後だからよく見ておきなさい」と言われ、柩の蓋《ふた》を開けてくださいました。博士は静かに眠っておられるようでしたが、今にも目を開けて「ご苦労さん」と話しかけられるのではないかと思い、私はじっと見守るだけでした。

その夜、私どもは「次の間《ま》」でお通夜をさせていただきました。そのとき、私は谷川でのんびりと静養していた頃、博士は人心救済のため最後の力を振り絞って道を教えんと努力しておられたのだと思うと、ほんとうに申しわけない気持ちでいっぱいとなりました。

告別式の日、柩は麗澤館から大講堂まで古い先輩方が真っ白な晒木綿《さらしもめん》で肩から吊って静々と運ばれ、私どももその側でお手伝いをしましたが、手に柩を感じながらも、ご遺体をお運びしているとは信じられませんでした。式中、本科生の代表がお別れの言葉を述べましたが、私はその中の「私たち本科生の卒業する姿をもう博士に見ていただけなくなったのがほんとうに残念でなりません」という意味の言葉は絶対に忘れることはできません。

このたび、廣池博士のご遺体が大勝山に安置されましたが、昔日《せきじつ》のことを思えば感慨無量の思いです。

第三章　廣池千英先生に学ぶ

「無理をしてはいけないよ」

道徳科学研究所（現モラロジー研究所）の中に、青年研究会という全国的な組織ができたのは、昭和三十四年のことでした。それ以前は、各地方でそれぞれに若い人たちのグループで研究が進められていましたが、まとまりもなく、何か暗中模索の時代が何年かありました。

当時、若い人たちの指導は、麗澤会本部（当時の理事長は浅野栄一郎氏）が担当しており、時々、講師を派遣して講演会等を開いていました。

青年研究会といえば、昭和二十三年八月、岐阜県養老町の大悲閣で開かれたのがそもそも最初の青年研究会であったと思います。岐阜、愛知、滋賀、三重の四県の各地方事務所から百数十名の青年たちが集まり、合宿して行われ、これは二、三年続きました。

当時は、地方の麗澤会支部もそのあり方について悩んでいた時代で、岐阜支部としても、何かしなければと思いつつも、困っていました。大半の会員は各地方事務所に所属し、その中で研究・開発活動に加わっていました。

しかし、麗澤会の支部としてまずお互いの親睦からと、支部報を出したり、会合をしたりしていました。昭和二十五年十月十二日には、会長の廣池千英先生をお招きして松茸《まつたけ》狩りと長良川下りをしたこともありました。

だんだんと会合を重ねるうちに、研究活動をしようという気運が生まれてきました。そこで地方事務所の集まりに交代で当番についたり、各地の会員宅に集まって研究会を開いたりして進めてきました。また本部より講師を派遣していただいて、研究会を開くこともたびたびでした。

この麗澤会員の動きに対して、地方事務所の会員の中には、批判的態度に出られた方もありました。しかし、この活動はだんだん盛んになっていったのです。

一方、こうした活動の中に、地方には青年研究会を希望される方が非常に多いことを知り、今後どう進めるべきか、また麗澤会としてはどうあるべきか、ということについて、再三本部と連絡してきました。

しかし、手紙のやりとりではどうしても十分にその意を通じ合うことができませんでした。また当時、支部の考えは、一地方だけの活動では非常に弱体であり、限界にきており、他の支部の中にも同じ考え方をもっている所もあり、これを本部の指導の下に全国的な組織を作り、講師を派遣したり、交流を図ったりして強力な活動にしようということになりました。

このことを本部に提案し、その返事を期待して待ちました。やがて来た返事は、われわれの納得のできないことなので、再度問い合わせると、岐阜支部のみ総員が望むなら、支部のやり方でよろしいとのこと。しかしそれではもの足らず、ついには浅野理事長へ、岐阜に話し合いのため来てほしいと、強い要請をしました。

昭和二十八年二月八日、次のような電報を受け取りました。

「地方状勢を生かし、ますます発展的活動をせられたし　麗」

この電報を受け取ったときには大きな期待が外《はず》れた思いで、今まで張りつめていた気が一気に抜けてしまったようで、一同愕然《がくぜん》としました。

その後、浅野理事長からも長々と説明の便りが来ました。そして三月二日、学園で行われた麗澤会の理事会に出席した小木曽光治《おぎそみつはる》君（故人・麗澤4期）に、千英先生から

「君たちはけしからんよ。自分たちに都合がよいからといって、それを他の人たちに押しつけるのはよくない。たとえどんなによいことでも、無理にやろうとすると、反対にそれをこわそうとするものが出るものだ。今はまだ時機が早い。機会を待ちなさい」

と言われ、支部の皆に伝えるようにとのことでした。

小木曽君からこのことを報告され、電報は先生の指示により出されたもので、先生にはたいへんご心配をかけていることを知り、自分たちの都合で物事を考えるあまり、本部や他の支部のことを考える余裕のなかった自分勝手な言動を思うと、全く申しわけないことをしたと思いました。こうした先生

の指示により、その後岐阜支部としてできるだけのことをさせていただくことになり、夏には支部の主催で青年研究会も開くようになりました。

その後は各地方事務所でも、だんだんと青研の会合を開くようになり、夏期青年研究会も事務所単位で開催されるようになりました。こうしてだんだん青研の活動も活発となり、ついには全国的な組織もできあがったのです。やはりあのとき、先生の言われたように、すべて時が解決することになりました。

その後、先生に直接お目にかかったときにも、先生から、こんこんと教えられました。先生の日常の生活を思うとき、先生自身は決して無理をされないし、また何かご意見をうかがうときによく、

「無理をしてはいけないよ」

と優しく言われました。

今、そのときのことを思うと、申しわけないという気持ちでいっぱいです。

今日、地方の青研活動がますます活発になり、モラロジー研究所の開発活

動の重要な一端となっていることを思い、また時に、青研活動に参加させていただくたびに、この思い出が甦ってきます。この思い出こそは、私にとっていつまでも忘れることのできない尊い教訓です。

「大切なものは手元に置きなさい」

人は常に何らかの恩を受けて生活しています。生命を与えられ、育てられ、教育を受けさせてもらった両親の恩に始まり、大きくは大自然、社会の恩恵を多く受けています。しかし、そうした恩恵を忘れていたり、知らず知らずのうちに受けていたりすることが、けっこう多いものです。さらには、恩を受けたことはわかっていても、その相手がわからず、お礼の言葉さえかけられない場合もあります。

小学生の恩

三十年ほど前のこと、私はある地方のモラロジー講習会に行く途中、名古屋駅で乗り換えました。一時間あまり余裕があり、昼食時でもあったので身軽になろうと思い、手荷物をコインロッカーに入れました。

食事を済ませ、ロッカーを開けたとたん、思わず「アッ」と叫ぶほど驚きました。入れたはずの手荷物がなかったからです。あたりを見ても私の荷物らしいものはありません。その中には特に大切な講義用の原稿や資料が入っていたのです。そのとき思ったことは、「どうしてないのだろう」「いったい誰が持っていったのだろう。原稿など持っていっても、何にもならないのに」などということでした。

改札係や他の駅員に聞いてみたがわかりません。気持ちはだんだんあせるばかり。そのうち、駅員の一人に「手荷物一時預かり所で聞いてください」と言われ、早速、飛ぶようにして行き、尋ねました。すると係の方が「この荷物でしょうか」と、奥のほうから持ってきて差し出したのです。まさしく私の荷物でした。「どうしてここに……」と私が聞くより早く、その係員は、「たった今、小学生が届けてくれました」と説明されました。

その小学生は、自分の荷物を入れようとロッカーを開けたところ、荷物が入っていたので不思議に思い、誰かが忘れたのだろうと、すぐに届けたとのことでした。

おかげで私の荷物は無事に手元に戻りました。私は礼を述べてそこを離れ、予定の電車に乗ることができました。確かに私は荷物を入れ、蓋をして錠をかけ、鍵を抜いて持っていったのですが、実際は一つ上の箱の鍵を持っていったようです。横を向いたか何かの拍子に箱をまちがえたらしいのです。まったく赤面の至りですが、さらに恥ずかしいことには、他の人にお世話になりながら、箱を開けて荷物がないとわかったその瞬間に「とられた」と思ったことです。

以来、すでに三十年ほど過ぎています。そのときの小学生は、今では立派な社会人としてご活躍のことと思います。しかし私としては、そのときの恩に対し、未だにお返しどころか、お礼の一言も言えないでいます。申しわけないと思いつつ、ただもどかしいばかりです。

「自分で持つほうが安心だよ」

それにつけても、このことを考えるたびに思い出すのは、それよりさらに十五年余り前の、同じ名古屋駅でのことです。

麗澤会の会合に出席される廣池千英先生をプラットフォームでお迎えした私は、先生の鞄《かばん》を持とうとしました。すると先生は、即座に「いや、自分で持つからいいよ」と言われたのです。そのときは「ああ、そうですか」と答えて、私は何も気にしないで過ごしてしまいました。

しばらくして、先生はこう言われました。「宮島君、実は、この鞄の中には講演の原稿が入っている。僕は特に大切なものは自分で持つようにしている。先ほど鞄を持ってもらうのを断ったのも、そういう理由からなんだよ」

と。そして、さらに続けて「自分が大切だと思うものは、必ず自分で持つようにしなさい。そのほうが安心だよ」と、丁寧に諭すように言われました。

そのときはなるほどと思い、肝に銘じたはずなのに、月日がたつとその教訓も忘れてしまい、過ちを犯してしまったのです。

「伝統の心」をめざして

お世話になったと自覚している恩にさえ、なかなか報いることは難しいものです。ましてや、知らないうちに受けた恩や、恩を受けながらも、あの小学生のように相手がわからないままになっている恩などを考えると、どうしたらその恩返しができるのでしょうか。

われわれが今日あるのは、すべてもろもろの恩人のおかげです。その恩人の系列をモラロジーでは伝統といい、常に人々が幸福になるように貢献してきた人たちです。その恩人に報いるには、その恩人と同じような心になることが必要です。「伝統の心を心とする」といわれる所以《ゆえん》であります。すなわち、自分が他の人に喜んでもらい、幸福になってもらえるように心がけ、その実行に努力することが大切であると教えられています。

希望をもって苦労する

昭和四十二年七月二十九日、廣池学園体育館が完成し、九月九日体育館開きが行われました。そのとき廣池千英先生は大学生、高校生を前にしてわずか五分間ぐらいでしたが、学生・生徒として基本的に重要なことを話されました。

先生は六十五年前の小学生の頃を回想されていたようで、校訓として示されたいくつかのことを述べられました。例えば、一心不乱に勉学に励め、よく遊び健康な身体をつくれ、質素倹約を旨とせよ、というようなことでした。

そして、それらをまとめるように、

一、学生、生徒として一生懸命に勉強せよ。
一、スポーツによって健全な身体を鍛えよ。
一、恥を知れ。

そして最後に、「われわれ老人は苦労して基礎をつくるのだ。若い諸君はそれを乗り越えて、大いに成長してもらいたい」と言われました。先生の言われる成長とは、学生、生徒が学園という教育環境を十分に生かして、偏ったものでなく、精神的、肉体的、また知的、道徳的成長を含む一人ひとりの全体的成長を指しておられ、そのための先生の努力は当然の覚悟だと言わんばかりでありました。

先生はかねてから、よく「若い者は苦労しなくてはいけない」とか「君たちは苦労が足りないよ」とか、また「若い者は常に希望をもたなくてはいけないよ」とか言われ、苦労すること、希望をもつことの大切なことをしばしば教えていただきました。これらは先生ご自身が、昭和十三年廣池博士のご逝去以来この三十年間苦労の連続で、絶えず遭遇してこられたご経験に基づいて教えられた言葉でした。しかし先生から自分は苦労をしたというようなことはほとんど聞いたことがなかったのです。

ただ考えてみますと、昭和十六年、道徳科学研究所の発展的解消――このとき先生は学校の一経営者のみになってしまわれるのではないかと危惧《きぐ》されました――昭和十七年の東亜専門学校の開設、戦後の食糧難時代、経済的苦境時代、昭和二十二年道徳科学研究所の財団法人としての再興、昭和三十四年には麗澤大学の開学、翌年には麗澤高等学校瑞浪分校の開設等数えきれないほどありましょう。

しかし、中でも研究所の法人組織への発展と大学の開設とは、かねてから廣池博士が念願とされていたことだけに、その実現は先生にとって大きな喜びであったことは容易に想像できることです。また、先生のご生涯を意義づける大きな業績と申し上げることができ、その陰には並々ならぬご心痛のあったことだと思われます。

夏の暑い日にお目にかかったときなど、「先生、お暑うございます」と申し上げると、先生は「暑いね。しかし君、暑いと言っても涼しくはなりませんよ」とか、「暑くなかったらお米ができなくて、お百姓さんは困るよ」とか、「またやがて涼しくなるよ」とか言われ、暑くて困ったような言葉は全くなく、「ここを冷やすと良いよ」と、時折冷たいおしぼりを後頭部に当てられたご様子が目に浮かんでまいります。

　また、二月の寒い日には、「僕はいつも希望をもっているんだよ。寒い日には、あと幾日したらお彼岸だなあとか、桜の花が咲くんだなあと考えるんだよ。そうしていると楽しいよ」と、よく言われたものでした。

　学生、生徒には、「希望は大きくもつんだよ。そして一歩一歩着実に努力するんだ」と言われ、彼らもどれほど力強く感じたことか知れません。

　今、先生のこれらのお言葉を思い起こし、先生が日常、己に厳しい生活をしてこられたこととを合わせ考えると、教えられたそのときには聞き流してしまっていた短いお言葉の中で「希望をもって苦労する」ということこそ、先生が身を以て示された尊い教訓であると、今更ながら感ずる次第です。

廣池千英先生を偲ぶ

胸の中がじーんとつまってきて何も言えない思い、やがて心の中にぽっかりと穴のあいたような感じです。去る八月十八日の夕刻、校長先生の訃報に接したときの私のいつわらざる気持ちでした。あんなにも若々しく、壮者を凌《しの》ぐ元気な先生が忽然《こつぜん》として亡くなられようとは誰が想像し得たでしょうか。

和服姿に高下駄で歩かれる先生、学生・生徒に囲まれて談笑される先生、パイプをくゆらせられる先生、すするように水を飲まれる様子、運動会で走られる先生、壇上から身を乗り出すようにして講演される先生等々、限りなく先生のお姿が浮かんできます。

先生が生徒に望まれたことは、入学式に話された訓辞の中に示されていますが、換言すれば、この学園という教育環境に順応して、一生懸命に勉強し、健康な身体をつくり、立派な品性の持ち主になることです。静かにしていると、今でもどこからか先生の声が聞こえてくるように思われます。

「希望は大きくもつんだよ。そして一歩一歩着実に努力するんだよ」

「いつも他人の幸せを請い願う気持ちを忘れないように」

「人のやりたがらないことを進んでやりなさい」

「強固な意志をもつことだ」

「スポーツで身体を鍛えよ」

「母校を愛し、母校を誇りたまえ」

「国際的日本人になれ」

「初心忘るべからず」

「高等円満な常識をもって」

「もっともっと苦労したまえ」

これらは、生徒への願いであるとともに、先生の教育に対する考え方です。

しかも、これらは廣池博士没後三十年間、先生が自分自身が苦労することを苦労と思わず努力された姿であり、その経験から生まれた尊い教訓であるのです。そしてこれらの言葉の中には、何かしら先生の温かい心の響きが感じられるのです。

先生に最後にお目にかかったのは昭和四十三年八月八日、教育者研究会の最終日、麗澤瑞浪高校の応接間でした。地方で行われた麗澤高校の父兄会の状況をご報告すると、「ご苦労さん」と、まずいたわってくださってから、麗大のことに触れられ、「これからは語学をしっかりやらなければだめだ。経済学などは基本さえやっておけば、あとは社会に出てそれぞれの会社等に入ってから応用はうまくなれるものだ。高校生や父兄にも説明して麗大を勧めなさい」と言われました。

この後、「研究会の方々はもう帰られたかなあ」と言いながら外に出てこられ、体育の先生を見つけて「君、誰か孫に水泳を教えてもらう先生はいないかな」と尋ねられ、二言《ふたこと》三言《みこと》、優しいおじいちゃんぶりを発揮して麗澤館(瑞浪)へお帰りになったが、白絣《しろがすり》に袴《はかま》、草履《ぞうり》、それに珍しくステッキをつかれていた姿がいつになくお疲れのように感じたものでした。これが永遠のお別れになろうとは夢にも思いませんでした。

われわれは、先生のご永眠を厳然たる事実として認めねばなりません。そして、今はただ心から先生のご冥福を祈るのみです。われわれは、先生のご教訓を胸に秘め、今や新校長先生の下に、新しい希望をもって意義ある学園生活を送ることこそ、亡き先生の御霊にお応えする唯一の道ではないでしょうか。

第四章　随想

代を重ねて

サミュエル・スマイルズの『品性論』の中に、こんな話があります。ある母親が教師に「この子は四歳になりますが、いつ教育を始めたらよいでしょうか」と尋ねたら、その教師は「奥さん、もしまだ始めていないのなら、もう四年も損をしているんですよ。教育を始めるいちばんよいときというのは、赤ちゃんがかすかでも初めてにっこりする頃なんですよ」と答えました。

この話を読んで、なるほどとすぐに納得できます。また、生涯教育ということがしばらく前から言われはじめましたが、そのときにもそんなに珍しいこととは思わなかったものです。それは、教育は人が母親のおなかの中にいる頃から始まり、終生続くものだということを、われわれは教えられているからです。

幸いにして私は、麗澤というすばらしい教育環境でその任に当たらせていただき、多くの方々に接し、卒業されるのを見てきました。やがて皆さんは社会人として活躍し、結婚し、子供さんができ、その子供さんが大きくなるにつれて、その教育のことを考えるようになります。そろそろ母校のことがいっそう懐かしくなるときであり、あらためて学園を訪ねて来る人が多くなります。麗澤は、累代教育の大切なことを考える場であります。

昔、私はM先生に教えていただきました。二十年ぐらいたって私がここで教師をしていると、その先生の子供さんが生徒として入り、私が教えることになりました。それから十年ぐらいたって、そのお子さんが教える立場になり、こんどは私の子供が入学して教えてもらうことになりました。

今後また十年ぐらいたったらどういうことになるだろうか。またその次は……と考えると、全く楽しくなります。皆さん方もこれに類した経験をおもちでしょうが、こんなことができたり考えられたりするのも、麗澤ならではのことだと思います。このような教育の基盤を開いていただいたことに、大いに感謝しなければならないと思います。

学園での生活の中で培ったことの一つに、どんなことでも自分の問題として考えていこうという態度があります。その経験を胸に秘めて卒業していくのです。そして、その経験を自分の子供にもさせ、また他の人にも勧めてみたいと思うのです。ところが、この頃、麗澤の門はたいへん厳しくなってい ます。希望する人も多くなり、誰もが入学できるとは限らなくなってしまい、残念です。

しかし、麗澤教育は麗澤の学校だけで行われるわけではありません。卒業生の一人ひとりに、それぞれの立場で、その教育の一端を担ってもらうところに大きな意義があります。誰もが、累代教育の担当者なのです。そのためには、絶えず自分が学んでいく姿勢が大切です。

フランスの哲学者エルヴェシウスは、「私は今でも学んでいる。いつ完了するのだろうか。それは、教育を受ける力のなくなるときである。私の生涯は、いわば長い期間の教育にすぎない」と述べており、味わいのある言葉だと思います。

累代教育の実践の場
――「麗澤カラー」について

「ここで勉強するということは……」

昭和十年三月三十一日の朝、初めて大勝山の人となりました。人は初めての所へ行くときは何か希望と期待をもっていくものですが、その期待が裏切られることがあるものです。寂しい木立の中に点在するわずかな建物の中に住むことになったときは、とんでもない所へ来たという印象をもちました。

しかし、廣池博士から「きょう来られた方は今晩、伝統館（現在の麗澤館）に集まるように」との達しがあり、伝統館八面玲瓏の間に集まると、「きょうは全国からはるばるとおいでになって、皆さんご苦労さんです」というねぎらいの言葉に続いて「ここで勉強するということは、将来きっとたいしたことになります」という廣池博士の励ましの言葉に、「よし、一生懸命に勉強しよう」という思いに駆られました。

四月一日入塾式、四月二日開塾式。この日には来賓を含め二千人余の人が大講堂に集まって行われたと記録にあります。続いて、いよいよ寮での生活が始まりました。当時の思い出の一つに水汲み当番があります。洗面等の水は毎日ポンプでタンクに汲み上げるのですが、それが部屋ごとの割当で、その当番に当たると他の人より早く起き、間に合わせねばならず大変でした。

当時、電灯もなくランプ一台を机をコの字型にしてそれを囲んでの勉強なので、各部屋ではランプのホヤを磨くのが欠かせない日課の一つでした。

授業の時間割といえば、最初は毎日六時間、本科生は英語とモラロジー、別科生はモラロジーだけ。勉強する者には糖分が必要だと、三時には食堂でおやつに甘いものが出され飛びついたものでした。放課後は、林の中で探した棒切れをバットにして野球まがいのことをしたり、時にはグラウンドやテニスコート造りなどの奉仕作業にも励みました。

　こういう単調な授業や生活にあきたらず、半年とか一年で去って行く者も何人かいました。しかし掃除をしたり、他に奉仕するという単調な生活の中で、時には不平があっても全体的には喜びを感じ、進んで参加していたように思います。

　別科生の中には年輩者もおられ、モラロジーの『論文』を全部（当時は六冊セット）風呂敷に包んで教室への持ち運びが大変な方もありました。そんなとき、若い本科生は毎日大講堂までその『論文』を喜んで運び、そのようなことから、人様のために何かさせてもらうことを覚え、率先してやろうという気風も自然と生まれたように思います。

カーテンで仕切られた教室

　本科生は本来、その年に中学校を卒業した者が入学するものと思っていたので、仲間の中にずいぶん年輩者がいて驚きました。それもそのはずで、本科に入ればモラロジーの授業を長く多く受けられると思っての入学者で、入ってみて別科より少なく、しかも当時、教室は大講堂のみでカーテン一枚で仕切られていたので、英語の授業のときにも隣のモラロジーの講義が耳に入ってきて、年輩者の中にはそちらに魅力を感じて、カーテンをくぐり移って行く人がだんだん多くなっていきました。こういう人は会社や工場の経営者、また会社や銀行などに勤めていた人などで、モラロジーのほうに関心があったようです。

一方、モラロジーのことは知らず、英語と道徳の勉強ができる良い学校があると勧められて入って来た者も多く、中学校を卒業した者や一、二年浪人していた者、また、中にはすでに大学や専門学校を卒業して英語の教員免許をもった者もいました。こんなふうに本科生も二つに大別できたようです。

去る二月一日付の『麗澤』(七六号・七七号)に掲載された旧友の記事を懐かしく読みました。すでに八十三歳で両眼を痛め本が読めないとのこと。その当時もすでに極度の近眼で部厚い眼鏡をかけていて、たいへん歌を歌うの

道徳科学専攻塾一期生（昭和11年）
前から2列目中央が筆者

が得意で、よく運動場の朝礼台の上で、一人で大きな声を張り上げて歌っていたのを思い出しました。その朝礼台も、時にはその上で大声を出して訴える弁論大会の場となり、廣池千英先生から丁寧なアドバイスを頂いたものでした。

廣池博士の講義があるときは、塾生はもちろんのこと、先生方も職員もいわゆる全山あげてそのお話を聴くために集まってしまい、学園の機能が一時停止するほどでした。博士は少しでも皆に近づくように教壇の左側前方に出て、右手を軽く机に添えるようにして立って話されました。時にはにこにことしてわかりやすく話し、時には厳しく叱りつけるような口調で話されました。

あるとき、博士の話を記録することになり、筆記するように言われ、何人かで最前列に陣取って、一言一句ももらさじと筆記し、終わってそれを読み合わせて整理したこともありましたが、とても難しいことでした。

また夕食後、急に博士の話があることになり、大食堂へ集まったことがあります。うす暗いランプの光の中、古稀を迎えての博士が机の上に立っての話で大丈夫かと心配しましたが、皆によく見えるようにとの配慮からでした。

学園の創立期のいくつかの思い出をたどってみましたが、廣池博士の相手を思う話、塾生への接し方、学園のあり方などの中から、各自、自分なりの考え方を見つけて努力し、それがわずかずつでも次へと受け継がれてきたのではないかと思います。

特に私にとっては、最初に聞いた「ここで勉強するということは、将来たいしたことになる」という博士の言葉に、ただ博士に頼ろうとのみ考えていたように思います。法学博士という大先生から初めて話を聞くというその場の雰囲気からだったかも知れません。自分にとって何がいちばん大切なことかを教えられたと理解するのにずいぶん時間が必要だったと思います。

「何かしなければ……」と積極的展開の麗澤会員

戦後しばらくして各地に麗澤会の支部ができ、その活動も活発化してきました。その頃、岐阜では毎月十名前後の会員が集まって話し合い、会報を発行していました。昭和二十四年八月の「麗澤岐阜」によると、八月七日来岐中の上田、浅野両氏の出席を得て、二十数名が集まって開催したとあります。

会のあり方などを話し合う中で、麗澤会は覇気《はき》に乏しいとか、もっと積極的に活躍すべきだとか、もっと各個人に重点をおくこととか、活発にするには組織の力を活用することが必要だ、青年の情熱の捌《は》け口を組織的な活動に求めること、また、とかく誰かが何かやってくれるものとの依存的態度がありましたが、情熱ある人は先導して活動すべきであるなどと議論は止まるところを知らずとあります。

そんな頃、岐阜でも若い人に集まってもらい、モラロジーの研究会を始めましたが、麗澤会支部が中心になっていました。他の県にもそのような動きがあり、モラロジー研究所としては麗澤会本部がその世話に当たっていたのです。そこで、この研究会をより強力により活発にするために、全国的組織が必要だと考えるようになり、その組織作りを本部に進言したり、その話し合いに本部より担当者の派遣を強硬に依頼したのです。

その後しばらくして廣池千英先生にお会いした折に、開口一番「君たちは失礼だよ。自分たちが良いことと思っても無理してはいけない。まだ他にはその機運が熟していない所もある。急いではだめだよ」と厳しく注意されました。

これは岐阜支部の一例にすぎませんが、こんな機運が各地にあり、麗澤会主催で青年研究会が行われるようになり、次いでモラロジー研究所内に青年研究会の発足を見ることになっていきました。こんなところに、戦後の一時期に麗澤会員の「何かしなければ」という情熱と地道な活動の一端を知ることができると思います。

「累代教育」

私は、昭和三十二年からまたあらためて麗澤高校の教員になりました。以来、昭和四十四年三月まで大学と兼務ながら高校生と一緒に過ごしました。その当時の卒業生も今では天命を知る年頃になり、お子さんを瑞浪の中学や両麗澤高校、麗澤大学で学ばせておられる方も多数おられます。

麗澤の教育は廣池幹堂先生が言われる「累代教育」の実践の場です。現在の生徒の中には恐らく祖父母や曾祖父母がモラロジーを研究し実践に励んだ方がおられると思います。

私は昭和十年に入塾し、M先生に英語を教えていただきました。後に麗澤高校の教員になったとき、M先生のご子息が一生徒であり、しばらくしてそのご子息が麗澤高校の教員になられたとき、私の子供が生徒として教えてもらうことになりました。

次に、今、私の長男が麗澤高校の教員として私の恩師のお孫さんを生徒に迎えた立場にあります。この次はどうなることだろうとひそかに希望を抱きたくなるものです。多くの方が麗澤でのいわゆる「累代教育」を経験し、その喜びを味わい、いつまでも続くことを楽しみにしておられることと思います。

教育の理想は「仁愛の精神」

昭和四十二年から麗澤高校の主事を命ぜられ、生活目標として「率先《そっせん》躬《きゅう》行《こう》」という言葉を掲げました。廣池千英先生は毎年入学式で全校生徒、父母、教職員を前にして「教育の理想は仁愛の精神を移植することであります」と言われました。

私は、先生はとても良いことを話してくださると感心して聞いていました。しかし、よく考えてみると、移植するには教育する立場にある教師自身がまず仁愛の精神をもたねばなりません。それには当然のことながら、まず教師自らが生徒諸君を育てる精神をもって何事にも率先して努力しなければと思いました。

生徒たちは全寮制度の下、勉強と寮生活とを両立させねばならない立場にあって、いつも苦労していたようです。それぞれの立場で努力しているのです。その生活の総まとめが三年生の生活といえます。二年生までは世話をしてもらう立場ですが、三年生になるといわゆる部屋長や寮長に、また各部の部長になり、その立場は一転して自分の勉強に専念する中、下級生の面倒を見る立場になります。それにはまず自分が何事も進んでやらねばなりません。次に来る人の手本となり、物事がうまくいくようにという気持ちで努力するのです。いわゆるものを育てる心の訓練になるのです。

廣池千英先生はこの訓練の効果はすぐには表れないが、五年、十年したら必ず表れるものだと言われました。この訓練が卒業後大いに役立ったという経験をもっておられる人も多いでしょう。この経験をして初めて麗澤の門に学んだ価値があり、このことなくして麗澤の卒業生とは言えないのです。

私が麗澤会理事長をさせていただいていたとき、麗澤高校を二年で中退し、卒業後、仕事に専念し、モラロジーの研究・実践にも努力しておられた方がありました。麗澤会の活動も活発になり、会合が開かれるのをみて、何とか自分も参加したいと言う希望のあることも聞いていました。麗澤会員はもちろん卒業生であることが資格になっていましたが、当時、中退者でも支部長の推薦に基づいて会長が承認すれば会員になれるということが加えられていました。

早速、支部長から推薦状が出されたので、会長である廣池千英先生にうかがったところ、先生はその方の地元における活躍をよく知っておられ、「彼なら大丈夫だ」と即座に認められました。推薦による最初の会員といえます。麗澤会員は高校にしても大学にしても、その卒業生であることに大いに誇りをもってほしいと思います。

麗澤会の活動が活発になるにつれて、支部を各県単位に結成することを進めました。それまでは、県によっては二、三の地区でそれぞれ活動を展開している所があり、本部との連絡等煩《わずら》わしいこともあり、一県一支部にまとまったほうがより強力な活動ができるということで推進し、しだいにまとまっていきました。もちろんまだ支部の結成されていない所も何県か残っていました。

しかし、これも一時期のあり方で、本来、時代に応じて変わるべきもので、次の代にはまた別の新しい方針が打ち出され、大いに発展し、さらに今日に至っています。その変化の中にも伝統として流れているものがあります。それは会員相互の親睦を図り、そして社会にいかに貢献するかということです。

「オックスフォード大学は、イギリスに行かなくても……」

私は麗澤大学の開校以来、英語科の一員として各学科の学生諸君と会う機会が多くありました。中でも麗澤高校としばらく兼務していた関係上、「教育実習」はその当初から担当してきましたが、今では多くの方が全国の中学・高校・大学等で教壇に立っておられ、時候の挨拶の中に生徒との対応ぶりや海外研修のこと、教育委員会での指導などに触れてあるのを見て心強く思っています。

今日、麗澤大学は学生数も二千人になろうとしています。かつては定員三百六十名の日本一小さい大学で、特に全寮制を誇りにしていました。教員養成もしだいに難しくなり、その研究が盛んになった頃、本学で全国の私立大学の教職科目担当者の研究会を開催したことがあります。日本一小さな大学が日本一大きな大学の先生方を迎えて開かれましたが、参加者は皆、学生、生徒の態度を含めキャンパス全体の雰囲気に讃辞を送られ、会も終始円滑に進められました。

何年か前に、私立大学の研修団に参加してイギリス、フランス、ドイツ、ソ連、アメリカ等の大学、主としてその図書館を視察したことがあります。帰国後しばらくして、その参加メンバーの旧交を温める会を学園で催しましたが、その中で特に情操教育を主唱する大学の先生が次のような感想を洩《も》らされました。「オックスフォード大学はイギリスまで行かなくても、日本にあるじゃないですか」と。

この言葉を聞いて、かつて廣池千九郎博士が道徳科学専攻塾の学生募集に書かれた紹介文をふと思い出しました。それは「本塾は英国にて森林地に存在する有名なウエリントンカレッジの景観と髣髴《ほうふつ》たる趣《おもむき》あり」という内容だったと思います。

当時の食堂の造りは、北側には幅三メートルほどの床が三十センチほど高くなっており、そこは講師が食事をされる所であり、時には演壇ともなり、舞台としても使用されていました。後にオックスフォード大学で似たような造りを見たとき、廣池博士の教育に対する思いの深さを再確認したものでした。

小さな思い出も大きな精神的基盤に

思いつくまま書き並べてきましたが、やはり「麗澤カラー」はそれぞれが自分で何を課題とし、何を自己形成の糧とするかを考え、それを発見し培ってきたものでありましょう。小さな思い出も無意識の中に刻み込まれて精神的基盤となり、大きな支えとなるものです。

冒頭に述べた廣池博士の「ここで勉強するということは……」という言葉を聞いたことは、私にはいつまでも忘れられないことです。いろいろの思い出もここに発し、ここにつながっているように思うのです。

廣池博士は絶えず苦難の道を歩まれましたが、その中に努力された姿は美しく輝いています。世のため人のために尽くした人の一生は美しいと聞いたことがありますが、正に典型的なその姿を廣池博士に見る思いがします。私にはそんな廣池博士のお姿が浮かんでくるのです。

E Pluribus Unum（イー　プルーリバス　ユーナム）

この言葉はアメリカのモットーで、アメリカの鋳貨にはすべてこのモットーが刻まれていて、日常、国民に親しまれています。その意味は「多数の中の統一」で、アメリカが多数の独立した州より形成された国家であることを表しており、また一面、多くの異人種が集まって一つの国家を作っているとも解されます。

アメリカの歴史を見ると、アメリカは移民の国です。一四九二年コロンブスの新大陸発見以来、スペイン人によりアメリカ大陸は発展していきましたが、黄金を求めるスペインの半海賊的商人植民者たちは、北米海岸を捨て、西インド、中南米へと渡ります。

次いでイギリスの勢力が世界史の中心となり始めるや、当時国内にて政治上、宗教上の圧迫に耐えかねた者が自由を新世界に求め始めました。すなわち一六二〇年十二月、清教徒たちはメイフラワー号より、肩に鉄砲、小脇に聖書を抱き、マサチューセッツのプリマスロックに上陸しました。

このようにして原住民より学んだ玉葱《たまねぎ》の栽培や狩猟、漁業に従事しつつ、人口増加と新しい移住者のため、次々と新しい土地を開拓し、いわゆる十三州を作り上げるに至りましたが、未だ英本国の干渉を免れることができず、新しい道を自分で切り開くため、ついに対立し、戦争となり、一七七六年に独立を宣言し、一七八三年イギリスはその独立を承認しました。

アメリカの独立は、すべての人間は奪うべからざる基本的人権をもち、自由にして平等なること及び統治の主権は人民にあることを明らかにし、ここに初めて民主主義の原理が宣揚され、この宣言によって、当時ヨーロッパの絶対主義の下に苛酷《かこく》な経済的窮乏と政治的重圧とに苦しんでいた人々は、新世界に自由と福祉とを求めて続々と移民し、その数は年々増加し、統計によると最近（昭和二十八年）までに三八〇〇万以上の移民が入国している状態です。

彼らにとってアメリカは希望の国であり、その開発のために全力を尽くして働きました。彼らがアメリカにおいて自由と幸福と希望とを与えられ、そのアメリカに対して感謝の念から自然にそれが忠誠へと進んでいき、そこに異人種の間に一貫する統一体を作っています。今日のアメリカはこれに基づき、多数の者の汗と心と夢とによって建設された賜です。

それでは今日、アメリカが世界の大国として、その偉大な発展を成している その根本の精神はいったい何でしょうか。

『論文』には大意、次のようなことが述べてあります。

「いかなる国家といえども、その国家の中堅を成すところの民族の性質が その国家の国民性を代表するもので、一国家が強く永く繁栄するのはその国 民性に一つの道徳的要素を含み、しかもその道徳の質が良く、その量が比較 的多いのである。アメリカの美点もキリストの遺範によるところの神の心に 一致する慈悲の精神に基づける道徳の上にその国民性が築かれている点にあ る。すなわちそれはアメリカにおけるピューリタン主義である。

ピューリタンは英国教会に所属する英国人であった。彼らはアメリカへ英 国の制度、道徳等をもたらしたのであるが、アメリカにおいても依然として 英国人であった。上陸とともに携えていた『聖書』はアメリカにおいても宗 教、道徳及び国内の一般規則となった。その性格は厳格で熱狂的でややもす ると病的なほど内省に耽《ふけ》ったが、人間本然の性情を失わず、ユーモアの感を有し、また反面決して見苦しい貧困な生活をしなかった。
こうして彼らは英国人として、その基礎的気質である紳士の道を帯び、移住してわずか一世紀を経ずして一個の新しい人種となったのである。ピューリタン主義は宗教的運動であるとともに政治的運動であり、また経済的運動となり、他の移住者たちも共にこれに参加して偉大なるデモクラシーを生むに至った」（『論文』④六六～七五ページ）
今日のアメリカはこのモットーに示されるように、多くの異人種がいながらも、その建国の精神の基礎である移住者たちの道徳的気質の上に一つの調和、統一ある国民性が築かれ、愛国心となり忠誠へと進み、今日の発展を期しています。
「一つのことを成すに当たり、その当事者たちの根本精神がいかに道徳的気質を有するかによって、それにかかわる多くの人たちに与える影響にも大きな差を生じ、ひいてはそのこと自体の成否もまた決定されるものである」という一つの進化の法則を、われわれはこのアメリカのモットーの中に見いだすことができます。

多くのものから道徳の基礎に立って生まれた一つのものは強く、偉大であり、永続的であることを痛感した次第です。

「トレビの泉」考

一九七一年（昭和四十六年）七月下旬、ローマを訪れたとき、一夜トレビの噴水を見物に出かけました。この噴水は愛の泉という別名もあり、ローマで最も美しい噴水だと言われています。紀元前に発見された源から流れ出ており、今日の姿に造られたのは十八世紀のことで、正面は宮殿造りの背景に、海神ネプチューンが海馬の牽《ひ》く車の上に立ちはだかっています。噴き出る水が小さな滝となり、快い響きを立てています。この噴水に俗説があり、噴水に背を向けてコインを投げ、うまく入れば再びローマを訪れることができると言われているのです。

夏のことでもあり、その夜も観光客がいっぱいにつめかけていて、なかなか水際に近づけぬほどでした。誰も俗説を信じてのうえではないでしょうが、ほんの旅のなぐさみに多くの人が小銭を投げて楽しんでいるようでした。うまく入るのもあれば、前のほうにいる人の頭に当たるのもありました。私もようやく近づいて見ると、泉の水は実にきれいに透き通っており、たいして深くなくて、底には小銭がいっぱい落ちているのがよく見えました。ちょっと手を伸ばせば、すぐに小銭に触れそうな感じでした。

私は、このお金は何に使われるのだろうか、また、よくとられないものだ、とふと思いました。というのは、たしかあるアメリカ映画だったと思いますが、王女と新聞記者が、ローマの街を走りまわっているうちに、お金をもっていないことに気づき、あの噴水のお金を借りようということになり、記者がズボンのすそをまくりあげ、噴水に入ろうとする場面があったことを思い出したからです。それから帰り際になって、私も小銭を投げてみたくなり、試みました。うまく入ったようでした。少しばかり楽しい気分になり、ホテルへ帰りました。

それから二、三日して、新聞でその噴水の中のお金がヒッピーに盗まれたことを知り、〝やっぱりとられたのか〟と、自分の考えのとおりだったと思いました。そして旅行者として抱いた、美しい噴水への印象も、せっかくの楽しい気分も打ちこわされたようで、一瞬、腹立たしささえ感じました。と同時に、私は、これは悪いことをした、悪いことの手伝いをしたようなものだと、モラロジーの教えを思い出し、その罪は少しは自分にもあるような気がしてきて、申しわけないことをしたと、心の片すみで反省しました。まるで、とる人の現れることを期待していたかのようで、恥ずかしく思いました。

ところが、それからまた二、三日して、そのヒッピーが裁判で無罪になったことを知りました。理由は、そのお金は公共の場に投げられたものだから、というようなことだったようでしたが、よく納得がいかないまま過ぎてしまいました。

モラロジーで心の不完全ということを教えられていますが、いずれにしろ、私は知らず知らずのうちに思わぬ罪を犯し、また人に怨《うら》みを抱いたりしたことを思い出して、あの晩、小銭を投げて少々楽しい気持ちになったことがむしろ恥ずかしくなりました。

ご苦労さん

「皆さんには、全国各地のたいへん遠い所からもおいでになり、ご苦労さんです」

これが昭和十年、道徳科学専攻塾の入塾式前夜、私が廣池博士から聞いた最初の言葉のように記憶しています。写真でだけしか知らない、法学博士という偉い人から話を聞くというので、一種の期待とともに相当に緊張していました。それがこの「ご苦労さん」という一言で、緊張感も一度に吹き飛んでしまい、励ましの言葉も素直に頭に入ったように思います。

その後、博士がにこにことしてお話をされたり、会う人に会釈されるお姿に、いつもこの言葉がにじみ出ているように感じました。

また、会員の皆さんが、二代所長の千英先生に挨拶をされたり、何か報告をされるとき、先生の口から、まず出てくる言葉が、よく「ご苦労さま」というねぎらいの言葉でした。

「ご苦労さん」とか「ご苦労さま」という気持ちは、たとえ言葉に表さなくとも、人に接するときにはいつももつことが大切なことのように思います。それが人に親しみを与え、安心感を抱かせるのです。

まねる

世の中には、とかく創造が大切で模倣は恥ずかしいことだとする傾向があります。しかし、教育は模倣から始まる、と言われるように、まねることは物事を知る最初の段階として必要にして欠くことのできないことです。それは小さな子供が何か言葉やしぐさを覚えようとするときによくわかります。(親鳥のそばで、ひよこが餌《えさ》をついばむ様子は、本性とは言いながら何か微笑《ほほえ》ましい光景でさえある)要は何をまねるかということでしょう。

どのような社会でも立派な物が生まれるには、それなりの努力がなされているのです。それにも形に現れる物と、その背後にあって目には見えない物とがあります。

ある歌舞伎の俳優は、名優と言われた祖父の芸を継承しようと努めているが、それはその型もあるが、むしろその型を生み出した心を学ぼうと求めていると言います。

私たちは、聖人と言われるような人が成したことと同じことはできないでしょうが、事に臨んで同じような考え方をすることはできるのではないでしょうか。いわゆる、心の働かせ方はまねることができるように思います。たとえわずかでもそのまねをしたいものです。

私はまだ学んでいる

健康を保つためには、平均八時間の睡眠時間が必要である、などと言われます。

イタリアの大芸術家ミケランジェロは、いつか「この頃、四時間眠るようになった」と言って嘆いたといいます。もっとも彼が仕事熱心なのは有名な話で、システィーナ礼拝堂の天井に天地創造の大壁画を描くのに四年間かかり、描き終えて足場から下りて来たときには、彼の首は上を向いていてうつむけなかったと言われています。いったい、彼は何時間働いて、何時間眠ったのでしょうか。

そのミケランジェロが別の機会に言った言葉があります。「私はまだ学んでいる」と。

生涯教育ということが特に言われるようになってから何年かたちましたが、一生涯学び、教えを受けることの大切なことは、洋の東西を問わず言われ、孔子も良い習慣をつけて老年まで修養を積むべきことを教えています。

今日、万事がスピード化し能率が上がるにつれて、ますます増えるのは余暇です。その余暇をいかに有意義に過ごすかということが大切なときに、このミケランジェロの言葉は味わうべき言葉ではないかと思います。

宮 島　達 郎（みやじま　たつろう）
大正６年(1917)生まれ。岐阜県出身。昭和10年、道徳科学専攻塾入塾。同15年卒業の後、同塾助講師、千葉外事専門学校助教授、母校の岐阜県立武義高校教諭を経て、麗澤高校教諭、麗澤大学講師、同助教授、同教授、同教職科目主任、同イギリス語学科主任を歴任し、平成２年名誉教授。この間、麗澤高校主事、麗澤会理事長も兼任。
また柏市公民館運営審議会委員、柏市図書館運営委員、全国私立大学教職課程研究連絡協議会千葉県・茨城県支部長、(学)廣池学園評議員、(財)モラロジー研究所社会教育講師等を務める。
現在、(学)廣池学園顧問、(財)モラロジー研究所参与。

受け継がれる心――麗澤草創期の思い出

平成22年３月１日　初版発行

著　者　宮島達郎

発　行　財団法人 モラロジー研究所
〒277-8654 千葉県柏市光ヶ丘2-1-1
TEL.04-7173-3155(出版部)
http://book.moralogy.jp

発　売　学校法人 廣池学園事業部
〒277-8686 千葉県柏市光ヶ丘2-1-1
TEL.04-7173-3158

印　刷　シナノ印刷株式会社

ISBN978-4-89639-181-7

モラロジー研究所の本

http://book.moralogy.jp

伝統につながる心

畑　寿泰 著

麗澤一期生の著者が、廣池千九郎から直接受けた指導、二代所長・廣池千英の苦労、そしてモラロジーを学ぶ父親の真摯な姿を、当時のエピソードを交えて描きます。

四六判・１２８頁　定価８４０円（税込）

感謝と報恩の心をつくる

松本直義 著

長年、学校教育と社会教育に携わった著者が、豊富な体験を通して、明るい家庭・社会づくりのヒントや報恩の大切さについてまとめた書です。

四六判・１２８頁　定価９４５円（税込）

恩に報いる心

桑山貞義 著

モラロジーとの出会いをきっかけに、運命の改善に努力した著者の心の軌跡を詳述。モラロジー教育活動の体験を踏まえ、伝統報恩と道徳実行の大切さを語ります。

四六判・１２０頁　定価９４５円（税込）

品性を高めていく
―『道徳科学の論文』に親しむ

長谷川浩二 著

『道徳科学の論文』を常に座右の書として親しんだ著者が、「品性を高めることになるか否かが人生の基準である」ことを訴えます。

四六判・１２８頁　定価９４５円（税込）

わが人生の指針
―モラロジーに生きる

モラロジー研究所出版部 編

十二名の筆者が、『道徳科学の論文』や『最高道徳の格言』の一節を体験を通して紹介し、学祖・廣池千九郎に対する深い思いを述べています。

四六判・１２８頁　定価１、０５０円（税込）